Josef Maiwald
Ute Liebhard

SmarterLife®

Stressmanagement & Burnoutprävention

A-BiS Gesellschaft für Unternehmensentwicklung mbH

Holzkirchen, München

Allen leistungsbewussten
Menschen gewidmet,
die möglichst lange ein
hohes Leistungsniveau
halten wollen

Bibliografische Information Der Deutschen Bibliothek
Die Deutsche Bibliothek verzeichnet diese Publikation in der Deutschen Nationalbibliografie; detaillierte bibliografische Daten sind im Internet über <http://dnb.ddb.de> abrufbar.

Text: Josef Maiwald, Ute Liebhard
Umschlaggestaltung: Marc Emanuel Maiwald

ISBN: 978-3-934051-07-2

Inhaltsverzeichnis

Einleitung **9**

PerLen – Persönliche Lebensregeln **11**

Wann ist Stress wirklich Stress? **13**

Begriffsklärung 13

Gesunde Herausforderung oder Stress? 13

Die Auswirkung von Stress **16**

Die Reaktion auf Stress 16

Ablauf einer akuten Stressreaktion 16

Auswirkungen von Dauerstress 17

Neues aus der Forschung 21

Maßnahmen gegen Stress und Burnout **26**

Bewusstsein über die eigene Gesundheit und Balance 26

Regeneration und Stärkung von Ressourcen 27

Abbau von Stressoren 27

Stressmanagement von A – Z **29**

Achtsamkeit 29

Arbeitszeiten 31

Ausdauertraining 33

Atmung 38

Besprechungskultur 40

Coaching 41

Empathie 42

Ernährung 43

Gelassenheit 44

Grenzen überwinden 45

Körperbewusstsein 48

Lach- und Humorseminare 49

Massage 52
Meditation 53
Patientenkompetenz 56
Pausengestaltung 58
Progressive Muskelentspannung nach Jacobson 60
Rückenscreening und Rückenschule 65
Realistische Planung 65
Schlaf 66
Selbstmanagement 68
Selbsttests 70
SmarterLife-Meetings 70
Systemisches Konsensieren 74
Tagesrahmenplan 76
TeleCoaching 76
Überforderung vermeiden 77
Übersäuerung entgegenwirken 79
Yoga 82
Ziel, Planung, Aktion, Kontrolle: Das ZiPlAkKo-Prinzip 82

Fragebögen und Checklisten 85

Checkliste Belastungen und Ausgleichs- bzw. Präventionsmaßnahmen 85
Checkliste: Stress- und Burnout-Prävention 86
Fragebogen: Persönliches Gesundheitsmanagement 87
PerLen – Sammlung meiner „Persönlichen Lebensregeln“ 89

Anhang 90

Lexikon 90
Quellen und Literatur 94
Die Autoren 97
Empfehlungen 99

Stichwortverzeichnis 101

Einleitung

Zitat:

Es gibt Wichtigeres im Leben, als beständig dessen Geschwindigkeit zu erhöhen.

Mahatma Gandhi , 1869 - 1948

Unser modernes, zivilisiertes Leben verlangt uns einiges ab: Einstellen auf ständigen Wandel, kurze Reaktionszeiten, Mobilität, Flexibilität. Die Anforderungen im Beruf und im Privatleben wachsen ständig.

In einer Studie zur Stressbelastung gaben 75% der Deutschen an, dass sie sich gestresst, also übermäßigen Belastungen ausgesetzt fühlen (paradisi.de, 11.02.2008). Fast jeder Vierte meint, der Stress nehme weiter zu.

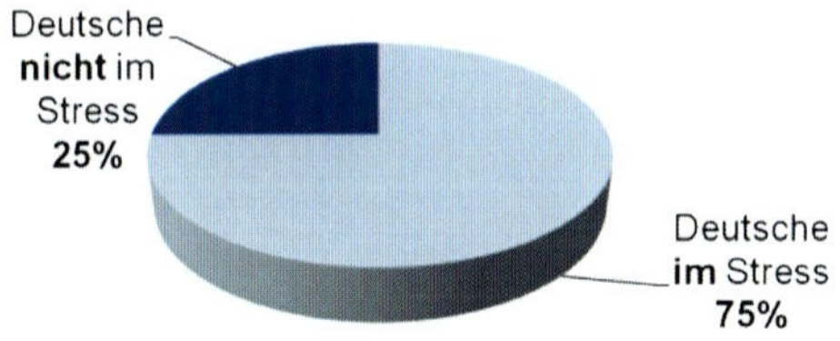

Doch längst nicht jeder empfindet Stress als unangenehm. Viele genießen es auch, wenn es hoch hergeht. Experten warnen jedoch: Der Körper unterscheidet nicht zwischen positiv oder negativ empfundenem Stress. Hält eine zu hohe Belastung über einen zu langen Zeitraum an, wird er krank (Quarks & Co, 23.10.2012).

Die Betroffenen klagen über unterschiedliche Symptome:

- Häufige Kopfschmerzen, Nacken- und Schulterverspannungen (29,7%)
- Schlafprobleme (26,7%)
- Herzrasen und hoher Blutdruck (15,4%)
- Magenbeschwerden (16,2%)
- Gefühl, ausgebrannt zu sein (10,2%)

Weitere Stressfolgen sind zum Beispiel Nervosität, Gereiztheit, höhere Anfälligkeit für Unfälle, geschwächtes Immunsystem und damit generell erhöhtes Krankheitsrisiko vom grippalen Infekt bis hin zu Pilzerkrankungen, Tinnitus, Arteriosklerose, Herzinfarkt usw.

Trotz der drohenden Folgen wäre es jedoch kontraproduktiv und lebensfern, Herausforderungen und Belastungen generell zu meiden. Es kommt vielmehr auf die richtige Balance zwischen Beanspruchung und Ressourcen an.

In den folgenden Kapiteln gehen wir darauf ein, wie Sie ein Gefühl dafür entwickeln können, ob diese Balance gegeben ist. Außerdem zeigen wir Ihnen Strategien auf, wie Sie vorhandene Belastungen reduzieren und Ihre Ressourcen ausbauen können.

Viel Spaß und Erfolg dabei.

Ute Liebhard und Josef Maiwald

PerLen – Persönliche Lebensregeln

Damit Sie den größtmöglichen Erfolg aus der Lektüre des Buches zu ziehen, beginnen wir mit der Beschreibung eines bewährten, transferfördernden Hilfsmittels – den PerLen bzw. Persönlichen Lebensregeln.

In Benediktiner-Klöstern gehört das Vorlesen der Benediktsregel zu den täglichen Ritualen. Ziel ist es, sich an wichtige Lebensprinzipien zu erinnern und eine immer bessere Annäherung anzustreben. Solche Praktiken mögen uns widerstreben. Wir hätten lieber die „richtige Pille" in Form eines Tipps oder Seminars. Und das ein- oder zweimalige Ausprobieren gibt dann Auskunft, ob ein Tipp wirklich ein guter war. Wenn nicht, greifen wir zum nächsten Buch auf der Suche nach neuen Tipps. Wenn Sie diesen Verschleiß an guten, neuen Tipps auch schon eine Weile praktiziert haben, probieren Sie es doch einmal mit einer anderen, altbewährten Methode. Wir passen die Methode der Benediktiner aber an unsere Bedürfnisse an: Wir ersetzen nämlich die Kloster-Regeln durch Ihre eigenen – durch Tipps oder Regeln, die Sie als hilfreich für sich beurteilen.

PerLen – Sammeln und nutzen Sie, so viele Sie können!

Methodisch gehen Sie wie folgt vor:

1. Stellen Sie sich Ihre persönlichen Lebensregeln aus folgenden Quellen zusammen:
   - Tipps aus diesem Buch
   - Tipps aus anderen Büchern, aus Seminaren, Zitaten, Kalendersprüchen usw.
   - Formulieren Sie bei Bedarf ganz eigene Regeln z.B. wann Sie zwischendurch eine Pause einplanen, wann Sie abends die Firma verlassen wollen, wie oft Sie pro Woche Sport treiben oder welche Regeln Sie im zwischenmenschlichen Umgang beherzigen wollen.

   Ein Arbeitsblatt finden Sie weiter unten unter „Fragebögen und Checklisten“ (S. 89).
2. Entscheiden Sie, welche Regeln Sie in den nächsten Wochen konsequent umsetzen wollen. Beschränken Sie sich hierbei am besten auf maximal 7 Regeln.
3. Überlegen Sie sich eine Möglichkeit, wie Sie sich diese Regeln täglich vergegenwärtigen können. Schreiben Sie sich beispielsweise einen Spickzettel und legen Sie diesen in den Geldbeutel. Oder erstellen Sie sich eine kurze Powerpoint-Präsentation mit passenden Fotos und Skizzen.

Weitere Anregungen zur konkreten Umsetzung finden Sie unter www.smarterlife.de/d/transfer.

Wann ist Stress wirklich Stress?

Begriffsklärung

Über Stress zu klagen gehört in unserer Gesellschaft fast schon zum guten Ton. Wer es geschafft hat, eine verantwortungsvolle Position zu bekleiden oder wer als Selbstständiger mit seinen Produkten und Dienstleistungen gefragt ist – so die Annahme – ist zumindest des Öfteren im Stress. Es gehört einfach dazu.

Aber wann wäre eine Aussage „ich habe viel Arbeit" oder „ich bearbeite gerade eine wichtige Terminsache" passender? Und ab wann kann man wirklich von „Stress" sprechen?

Historisch gesehen stammt der Begriff Stress (wörtlich: Druck, Anspannung) aus der Physik. In der Werkstoffkunde bezeichnet man damit den Zug oder Druck auf ein Material. 1936 griff der Mediziner Hans Selye den Begriff auf und benannte damit die „unspezifische Reaktion des Körpers auf jegliche Anforderung".

Mittlerweile sprechen Fachleute im Allgemeinen von Stress, wenn eine körperliche oder psychische Überlastung und Überforderung vorliegt. Im Kontext dieses Buches verstehen wir „Stress" immer so, dass die Anforderung definitiv zu hoch und ein gesundes Maß überschritten ist.

Gesunde Herausforderung oder Stress?

Wie aber erkenne ich die Grenze, ab der es ungesund wird? Wie erkenne ich meine persönliche Belastungsgrenze? Diese Fragen lassen sich leider nicht leicht beantworten. Denn wir Menschen reagieren individuell sehr verschieden. Eine Situation wie zum Beispiel ein Flug mit einem Flugzeug ist für den einen angenehm und entspannend, für den anderen ist sie ein ausgesprochener Stressor. Auch ein Geschäftsessen mit wichtigen Kunden oder die Präsentation eines Projektergebnisses wird von unterschiedlichen Menschen unterschiedlich erlebt. Ob eine Situation bei Ihnen Stress auslöst oder nicht, hängt davon ab, wie Sie die Situation wahrnehmen und bewerten. Was für Ihren Kollegen alltäglich ist, kann für Sie der Stressfaktor Nummer 1 sein.

Stress ist demnach ganz individuell bedingt. Die Bewertung einer Situation kann zudem von der Tagesleistung, von möglichen Erwartungen oder dem Selbstvertrauen abhängen.

Dabei gilt: ein gewisses Maß an „Druck" oder Nervenkitzel wird als positiv und leistungssteigernd empfunden. Wird der Druck aber zu hoch, kippt es ins Negative.

Die folgende Grafik zeigt den Zusammenhang zwischen dem Grad der Aktivität und der Leistungsfähigkeit.

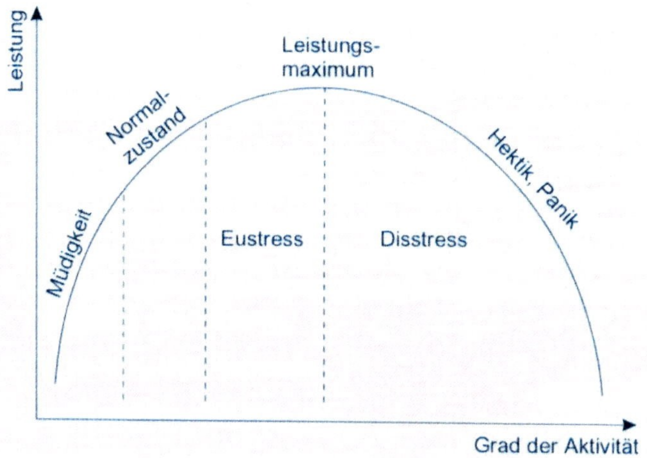

Abbildung: Leistung in Abhängigkeit zum Grad der Aktivität.

Sind wir zu wenig aktiv bzw. gefordert, werden wir möglicherweise müde und schläfrig. Steigt die Leistungsanforderung, können wir die Leistung bis zu unserem Leistungsmaximum steigern. In dieser Phase sind wir wahrscheinlich im sogenannten Eustress, den wir als positiv und angenehm empfinden. Dies gilt z.B. für Menschen, die Reisefieber verspüren. Auch das Lampenfieber vor einem wichtigen Termin oder vor einem Auftritt vor Publikum kann man bis zu einem gewissen Grad genießen. Sie wissen, dass Sie hellwach und zu Höchstleistungen bereit sind.

Steigt die Anforderung über das Leistungsmaximum hinaus, wird der Stress unangenehm. Wir sprechen von Disstress. Bei Versagensangst, Prüfungsangst usw. werden Sie vermutlich eher fahrig, hektisch oder geraten sogar in Panik. Die Leistungsfähigkeit und insbesondere die Fähigkeit, klar und besonnen zu handeln, nehmen dann rapide ab.

Im Berufsalltag einzuschätzen, wie hoch der Stresslevel ist, ist aufgrund der individuellen Reaktionsweisen nur schwer möglich. Die einzige Möglichkeit, die wir haben, ist achtsam mit uns und unseren Kollegen umzugehen und bei Anzeichen von Stresssymptomen entsprechend zu reagieren.

Übung: Stresssymptome

Woran erkenne ich, dass ich oder meine Kollegen im Stress sind?

....

....

....

Die Auswirkung von Stress

Die Reaktion auf Stress

Um sich den Sinn der Stressreaktion zu vergegenwärtigen, geht man am besten in die Urzeit zurück. Stellen Sie sich Steinzeitmenschen vor, die um das Feuer saßen und plötzlich das Knurren des Säbelzahntigers hörten. Langes Nachdenken wäre jetzt fehl am Platz gewesen. Die Menschen mussten sich schnell zwischen „Flucht“ oder „Angriff“ entscheiden. Beides erfordert Kraft und Energie. Also steigert der Körper sofort die Durchblutung und mobilisiert Energiereserven, um die Muskeln auch für längere Anstrengung optimal zu versorgen.

Ablauf einer akuten Stressreaktion

Die Stressreaktion läuft mit unterschiedlicher Intensität immer gleich ab. Die kognitiven Prozesse - also die Denkleistung - wird gehemmt und die Muskeln werden auf eine Anstrengung vorbereitet.

1. Alarm

Auf physiologischer Ebene beginnt die Alarmphase mit einer Hormonausschüttung. Über das Gehirn gesteuert, schüttet die Nebennierenrinde Kortisol, Aldosteron und Androgene aus. Über das autonome Nervensystem (unbewusst) wird veranlasst, dass Adrenalin und Noradrenalin ins Blut ausgeschüttet werden.

2. Reaktion

Der Körper stellt sich auf maximale Leistungsfähigkeit ein: Blutdruck und Puls steigen, Blutzucker und Blutfettwerte gehen nach oben. Hände und Füße werden kalt, weil das Blut aus den äußeren Gliedmaßen in die Muskelbereiche strömt, um zum Beispiel schneller rennen zu können. Gehör und Sehvermögen werden schärfer. Alle Körperfunktionen, die nicht der unmittelbaren Abwehr dienen, werden gehemmt: Regeneration, Verdauung, reflektiertes Denken. In extremen Gefahrensituationen entleert sich der Darm – um quasi Ballast abzuwerfen.

3. Bewältigung

Ist die Stresssituation überstanden, werden die Stresshormone abgebaut: Adrenalin wird sehr schnell ausgeschieden. Die Kortisolkonzentration im Blut wird dagegen erst mit etwa zwei Wochen Verzögerung durch das Prinzip der negativen Rückkopplung auf den normalen niedrigen Stand reguliert. Im Anschluss regulieren sich dann auch die Körperfunktionen wieder auf dem „normalen" Niveau ein.

Normalerweise ist Stress nur ein kurzfristiger Zustand. Hält der Stress über längere Zeit an oder hat der Körper nicht genügend Zeit zur Erholung, beginnt man unter dem Dauerstress zu leiden.

Auswirkungen von Dauerstress

Ein einfaches Stressmodell

Als Einstiegsfrage in Seminaren zur Stress- und Burnoutprävention bitten wir die Teilnehmer häufig um eine Einschätzung, wie voll ihr Akku momentan ist.

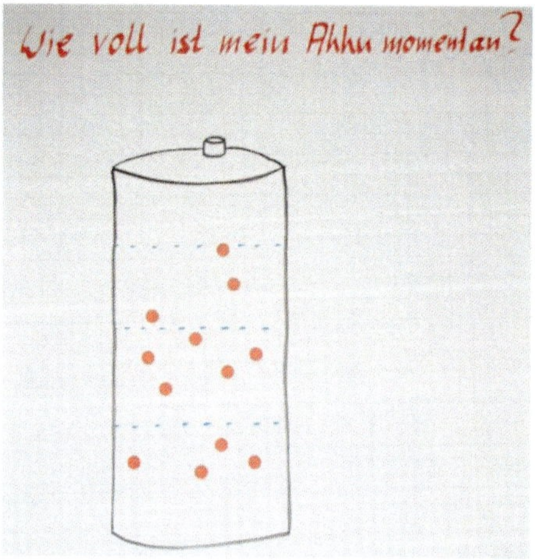

Abbildung: Selbsteinschätzung des aktuellen Energielevels.

Die Abbildung zeigt ein typisches Ergebnis. Kaum jemand sagt von sich, er sei energiegeladen. Nicht wenig Teilnehmer geben Werte um die 20 % an.

Sind die Mitarbeiter weiterhin Stress ausgesetzt, entzieht ihnen dies weitere Energie. Die Auswirkungen werden anhand eines einfachen Energiemodells schnell deutlich.

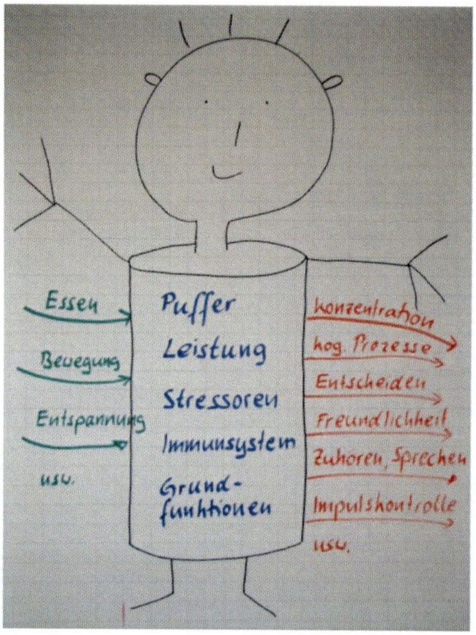

Abbildung: Energiebilanz

Der Körper baut Energie über Nahrung, Tageslicht, Bewegung, Entspannung und Glücksgefühle auf.

Ein Teil der Energie wird für unverzichtbare, physiologische Grundfunktionen benötigt wie z.B. Kreislauf, Aufrechterhaltung der Körpertemperatur. Es folgen Funktionen, die zumindest vorübergehend heruntergefahren werden können wie etwa das Immunsystem. In der nächsten Ebene liegt die Auseinandersetzung mit Stressoren wie negative Gedanken, Ärger, Sorgen usw. Den Energievorrat für Leistungen benötigen wir für Konzentration auf eine Aufgabe, kognitive Prozesse, Nachdenken, Entscheidungen, professionelle Freundlichkeit, Zuhören, Sprechen, Impulskontrolle usw. Wünschenswert wäre noch ein gewisser Puffer, sofern sich die Leistungsanforderung erhöht.

Ist die Energiebilanz über längere Zeit negativ und ist daher der Akku nicht mehr voll genug, kommt es je nach individueller Priorisierung zu ersten Ausfallerscheinungen. Der eine Mitarbeiter reagiert Kollegen oder Kunden gegenüber gereizt, weil die Energie für die professionelle Freundlichkeit nicht mehr ausreicht; ein anderer macht eher Fehler, weil die Konzentration nachlässt.

Über Willensstärke gelingt es vielen Mitarbeitern, das geforderte Leistungsniveau einigermaßen zu halten. Hierbei werden jedoch Energiereserven angezapft, die eigentlich vom Immunsystem benötigt werden. Die logische Folge ist dann eine erhöhte Anfälligkeit für grippale Infekte und auch für schwerwiegendere Krankheiten.

Ein ideales Ergebnis bei der eingehenden Frage nach dem Akku wäre, dass die Mitarbeiter sagen, „mein Akku ist voll, ich habe ausreichend Puffer, um z.B. im Fall einer technischen Panne oder bei Ausfall eines Kollegen noch etwas mehr zu leisten". Eine Selbsteinschätzung von 20 – 30%

zeigt, dass die Energiebilanz nicht ausgeglichen ist, und dass eine Regeneration nicht im erforderlichen Maße stattfindet.

Ist die Energiebilanz über längere Zeit unausgeglichen und wird dem Organismus immer mehr Energie entzogen, nimmt die Leistungsfähigkeit kontinuierlich ab und es kommt früher oder später zum Burnout.

Aus sowohl wirtschaftlichen als auch ethischen Gründen sollte jedoch schon lange vor einem drohenden Burnout gegengesteuert werden. Dabei ist es weniger relevant, ob die Stressursachen beruflich bedingt oder im privaten Umfeld zu suchen sind. Letztlich zählt ausschließlich die Gesamtbilanz.

Ursachen von Stress und Burnout

Vom Burnout sind häufig Personen betroffen, die ihren Beruf ursprünglich mit viel Engagement und Idealismus begonnen haben. Chronisch belastende Arbeitsanforderungen laugen besonders dann aus, wenn folgende Entstehungsbedingungen gegeben sind:

- hohe quantitative Arbeitsbelastungen
- mangelhafte Kontrolle über Arbeitsabläufe und Arbeitsbedingungen
- Mängel im materiellen und immateriellen Belohnungssystem

- mangelhafte soziale Integration, belastende soziale Beziehungen
- Mängel in der Fairness bei der Zuteilung von Arbeitsaufgaben, bei der Beförderung usw.
- Konflikte zwischen den Anforderungen und den persönlichen Wertvorstellungen der Beschäftigten

Quelle: Zentrum für wissenschaftliche Weiterbildung an der Universität Bielefeld e.V., 2008

Zitat:

Was ohne Ruhepausen geschieht, ist nicht von Dauer.

Ovid, römischer Epiker, 43 v. Chr. - 17 n. Chr.

Neues aus der Forschung

Stress im Straßenverkehr: Ein Test des österreichischen Automobil-Clubs ÖAMTC ergab, dass Autofahrer in Stress-Situationen wesentlich gefährlicher und gefährdeter unterwegs sind. Die Testpersonen fuhren schneller und unkonzentrierter als Vergleichspersonen ohne Stress. Und sie übersahen im Wiener Stadtverkehr Fußgänger, Radfahrer oder Verkehrsschilder weit öfter als bei Vergleichsfahrten unter optimalen Bedingungen. Die Unfallgefahr stieg um das Fünffache. (Quelle: Stress: Unfallgefahr steigt ums Fünffache, news.at, 19.06.2001).

Stressfaktor Gene - Erbgut bestimmt, wie ein Mensch auf belastende Faktoren reagiert: Israelische Forscher haben Freiwillige unter Stress gesetzt, indem sie mit ihnen ein fiktives Bewerbungsgespräch geführt haben. In einer Variante der Untersuchung wurden sie aufgefordert, von einer Zahl über 1000 in 13er-Schritten rückwärts zu zählen. Von jedem Probanden nahmen die Forscher eine Speichelprobe und bestimmten, welche Varianten des sogenannten BDNF-Gens vorlagen. Dieses Gen spielt bei der Entwicklung von Gehirnzellen eine Rolle. Seine Aktivität wird jedoch auch stark von Stressreaktionen geprägt. Das Gen tritt entweder als "Val"- oder als "Met"-Variante auf. Die Wissenschaftler bestimmten dazu den Cortisol-Wert im Speichel und maßen typische Stressanzeiger wie Blutdruck und Herzschlag. Dabei erwiesen sich Männer des Val/Val-Typs als deutlich stressempfindlicher als ihre Geschlechtsgenossen des Val/Met-Typs. Überraschend für die Forscher war es bei den Frauen genau umgekehrt (Quelle: Stressfaktor Gene, wissenschaft.de, 07.04.2009).

Stress bei der Geburt verändert Erbgut des Babys: Schwedische Forscher berichten, dass Kaiserschnitt-Babys ein verändertes Erbgut der weißen Blutkörperchen aufweisen. Sie führen dies darauf zurück, dass durch den heftigen, „negativen" Stress bestimmte Gene aktiviert und andere deaktiviert werden. Bei einer vaginalen Geburt werde der Stress hingegen langsam aufgebaut. Dieser sei daher „gut und zweckgebunden".

Die Studie sei ein Puzzlestein für die Frage, ob und wie Kaiserschnitte das Risiko für verschiedene Erkrankungen im Leben von Kindern erhöhen könnten (Quelle: Studie: Kaiserschnitt verändert Erbgut des Babys, www.bazonline.ch, 29.06.2009).

Wenn sich der Schrecken im Erbgut festsetzt: Umwelteinflüsse wie starker Stress während der Geburt, traumatische Erlebnisse in frühester Kindheit, körperliche Züchtigungen, Missbrauch oder emotionale Vernachlässigung können das Erbgut nachhaltig verändern. Dies behaupten deutsche Forscher. Depressionen seien damit vorprogrammiert (Quelle: Wenn sich der Schrecken im Erbgut festsetzt, www.welt.de, 13.01.2010).

Das Gedächtnis des Erbguts - Wie sich der Lebensstil auf die Gene auswirkt: In den nazibesetzten Niederlanden litt die Bevölkerung unter extremen Hunger. Vor allem bei den Neugeborenen hinterließ das Spuren - in den Genen der Niederländer, die im letzten Kriegswinter geboren wurden, ist der Hunger noch heute programmiert. Die Organismen der werdenden Mütter entwickelten eine überlebenswichtige Strategie: die Zellen wurden darauf geeicht, möglichst wenig Zucker aus dem Blut aufzunehmen - einfach weil nicht viel davon da war. Allerdings haben die Mütter diese Strategie an ihre Nachkommen vererbt. Und für die ist sie nicht mehr passend: Die Niederländer des Jahrgangs 1945 haben ein deutlich höheres Risiko, an Diabetes oder Bluthochdruck zu erkranken.

Auch die Terroranschläge des 11. September 2001 in New York haben Spuren in den Genen hinterlassen. Im Max-Planck-Institut für Psychiatrie in München zeigte sich bei Untersuchungen, dass die Genschalter der Betroffenen noch heute ein typisches "Stress-Muster" aufweisen: Die Empfindlichkeit gegenüber dem Stresshormon Cortisol ist besonders hoch, Adrenalin wird vermehrt ausgeschüttet, und das Immunsystem ist gedrosselt. Auch diese Reaktion war in der traumatischen Situation überlebenswichtig. Heute ist sie es nicht mehr - schon gar nicht für die Kinder derjenigen Frauen, die den Schreckenstag in New York als Schwangere erlebten. Auch diese weisen die gleichen Veränderungen der Genaktivität auf.

Genveränderung durch Sprache: Wir sind solchen "epigenetischen" Veränderungen (so der Fachausdruck) allerdings nicht hilflos ausgeliefert. Die neurobiologische Forschung zeigt, dass die Genschalter auch wieder in ihre normale Position umgelegt werden können - durch Psychopharmaka und selbst durch Gespräche. Voraussetzung dafür ist, dass man nicht allzu lange nach einem traumatischen Ereignis damit wartet. Zumindest für das Gehirn gilt also: Wir haben das Schicksal unserer Gene auch selbst in der Hand (Quelle: Das Gedächtnis des Erbguts - Wie sich Lebensstil auf die Gene auswirkt, www.br-online.de, 07.07.2010).

Zitat:

Der intensivste Zugriff aufs Gehirn ist die Sprache. Sie ist auch das Psychopharmakon Nummer eins - und wir haben es alle zur Verfügung. Und es ist tatsächlich so, dass die Sprache extrem schnell und extrem nachhaltig auf dieses An- und Abschalten von Genen einwirken kann.

Prof. Walter Zieglgänsberger, Max-Planck-Institut für Psychiatrie, München

Angesichts der starken Wirkung, die Experten wie Zieglgänsberger der Sprache zuschreiben, können wir nur erahnen, welchen Einfluss unsere Alltagskommunikation und der Medienkonsum von Negativschlagzeilen, Krimis, Horrorfilmen u.a. auf unsere Kinder und Jugendlichen haben.

Burnout – Kosten: Nach Schätzungen von Experten sind rund neun Millionen Menschen vom Burn-out-Syndrom betroffen. Die Kosten belaufen sich in Deutschland auf jährlich 6,3 Milliarden Euro (Quelle: Mobbing und Burn-out kosten jährlich 6,5 Milliarden, welt.de, 01.05.2009).

Burnout durch Schlafmangel: Forscher des renommierten Karolinska-Instituts in Stockholm behaupten, für den totalen Erschöpfungszustand sei in erster Linie gestörter Schlaf verantwortlich. Alle Patienten wiesen extreme Schlafstörungen auf. Sie schliefen pro Nacht lediglich vier bis fünf Stunden, der Tiefschlaf-Anteil war um 40 Prozent geringer als der gesunder Menschen. Der Untersuchungsleiter Torbjörn Akerstedt glaubt, dass Stress durchaus zu dem Syndrom beiträgt, aber nicht primär dafür verantwortlich ist. „Wir glauben, dass Menschen unter hoher Stressbelastung ziemlich gut leben können", sagt er. „Erst wenn der Schlaf gestört wird, kommt es zum Burnout-Syndrom." Die entwickelte Therapie des Instituts kombiniert daher eine kognitive Verhaltenstherapie mit strikter Schlafhygiene. „Nach sechs bis zwölf Monaten hatten wir deutliche Verbesserungen der Schlafdauer, und 60 Prozent der Patienten kehrten wieder zur Arbeit zurück", berichtet Akerstedt (Quelle: Burnout durch Schlafmangel, focus.de, 28.04.2004).

Zitat:

Der Schlaf ist für den ganzen Menschen,
was das Aufziehen für die Uhr.

Arthur Schopenhauer

Übung: Persönliche Konsequenzen

Welche persönlichen Konsequenzen ziehen Sie aus den Forschungsergebnissen – u.a. aus der Bedeutung des Schlafs und die Bedeutung der Sprache als Psychopharmakon?

....

....

....

Maßnahmen gegen Stress und Burnout

In Anlehnung an die dargestellte Energiebilanz ergeben sich drei Aspekte, auf die sich die Maßnahmen beziehen können:

- Bewusstsein über die eigene Gesundheit und Balance
- Regeneration und Stärkung von Ressourcen
- Abbau von Stressoren

Bewusstsein über die eigene Gesundheit und Balance

Viele von uns kümmern sich erst dann um ihre Gesundheit, wenn sie Krankheitssymptome verspüren. Sinnvoller wäre eine Herangehensweise wie sie schon in der griechischen Antike gelehrt wurde. Philosophen wie Plato, Aristoteles und Hippokrates beschäftigten sich schon damals mit der Gesundheit und deren Erhaltung. Gesundheit wird als das „höchste Gut“ betrachtet. Die Lehre von Diaita (Regelung zur Lebensordnung, 5./4.Jh. v.Chr.) umfasst die gesamte Lebensweise des Menschen mit Regeln zur gesunden Lebensführung. Sie basiert auf der Auffassung, jeder Einzelne könne seine Gesundheit durch entsprechende Lebensführung erhalten. Die praktischen Anleitungen der sogenannten Diätetik schließen alle Lebensbereiche ein und geben sehr konkrete Anweisungen zu Ernährung, Bewegung, Entspannung und Körperpflege.

Unsere „moderne“ Schulmedizin ist momentan noch stark durch ein Krankheitsmodell dominiert, das sich mit Einsetzen der Industrialisierung (Mitte 19. Jh.) entwickelt hat. Die Entdeckung der Zelle und der Mikroorganismen, als die damals bekannten kleinsten Grundbestandteile des Lebens, führten zu einer Revolutionierung des Gesundheitsverständnisses. Krankheit wurde mehr und mehr als ein technisch-mechanisches, vom Individuum loslösbares Problem betrachtet, das unter Anwendung von physikalisch-chemischen Verfahren beeinflusst werden kann.

Seit dem Jahr 1948 stellt sich die WHO mit ihrer positiven Definition von Gesundheit gegen das bis dahin dominierende Krankheitsmodell. Gesundheit wird nun definiert als „Zustand eines vollkommenen körperlichen, seelischen und sozialen Wohlbefindens und nicht nur die Abwesenheit von Krankheit und Gebrechlichkeit.

So gesehen sind die Grundgedanken der Antike wieder sehr modern. Es gilt für jeden Einzelnen eine Lebensweise zu entwickeln, die die körperliche und geistige Fitness auf einem möglichst hohen Niveau hält.

Eine wichtige Voraussetzung für die Umsetzung ist eine Selbstwahrnehmung, die wir z. B. über Achtsamkeit und Entspannungstechniken lernen können (siehe unten). So erkennen wir frühzeitig, wann wir von einer gesunden Balance zu weit entfernt sind und können entsprechend gegensteuern.

Regeneration und Stärkung von Ressourcen

Im Rahmen der Regeneration spielen beispielsweise Pausen, Entspannung und Meditation eine wichtige Rolle. Wertvolle Ressourcen sind klare Zielvorstellungen, Gelassenheit und Optimismus als Grundhaltung sowie eine hohe Kompetenz in Planung und Selbstmanagement (siehe Stressmanagement von A bis Z).

Abbau von Stressoren

Stressoren lassen sich in drei Kategorien einteilen:

Psychosoziale Stressfaktoren

- schwach ausgeprägtes Selbstwertgefühl
- innere Treiber
- Ängste (z.B. vor Arbeitsplatz- oder Anerkennungsverlust)

- Verlust wichtiger Rollen
- mangelndes Feedback, fehlende Anerkennung
- schwelende Konflikte
- Konkurrenzdruck
- Mobbing
- belastende Lebensereignisse (Verlust von Bezugspersonen, Trennung usw.)
- quantitative und qualitative Überforderung

Belastende Arbeitsbedingungen

- mangelnde Organisation
- mangelnde Kommunikation
- zu hohe Arbeitsteilung
- wenig Kontrolle über Arbeitsprozesse
- unklare Zuständigkeiten
- widersprüchliche Anweisungen
- Diskrepanz zwischen Verantwortung und Kompetenzen

Äußere Bedingungen

- Lärm, Licht, Temperatur
- häufige Störungen, technische Probleme z. B. EDV

Eine sorgfältige Analyse der Stressoren ist ein erster Schritt, diese abzubauen bzw. konstruktiv damit umzugehen.

Im folgenden Kapitel behandeln wir einzelne Aspekte in alphabetischer Reihenfolge. Eine Zuordnung nach „Bewusstsein", „Ressource" oder „Stressor" haben wir nicht vorgenommen, da diese häufig nicht eindeutig möglich ist. Entspannung beispielsweise ist eine Ressource. Sie schult und erleichtert aber auch das (Körper-) Bewusstsein.

Stressmanagement von A – Z

Achtsamkeit

Der Begriff Achtsamkeit geht über die alltägliche Aufmerksamkeit oder Sorgfalt hinaus. Unter Achtsamkeit versteht man die möglichst bewusste Wahrnehmung von Gegenständen, Worten, eigenen Gedanken, Körperempfinden und eigenen emotionalen Vorgängen. Man unterscheidet die ungerichtete, möglichst offene von der gerichteten Achtsamkeit.

Der praktische Nutzen der Achtsamkeit liegt darin, dass man der natürlichen Tendenz der selektiven und (vor-) schnell wertenden Wahrnehmung und Urteilsbildung entgegenwirkt. Sie ist der ebenso wichtige Gegenspieler zur Konzentration und Ich-Bezogenheit.

Eine Schulung in Achtsamkeit hat eine gegenläufige Ausrichtung: Der Aufmerksamkeitsfokus wird nach und nach ausgedehnt. Mittels dieser "Aufmerksamkeitsweitung" wird eine "Bewusstseinserweiterung" im besten Sinn des Wortes und damit eine offene und wache Präsenz erreicht.

Jon Kabat-Zinn drückt es in seinem Buch "Im Alltag Ruhe finden" wie folgt aus:

„...so intensiv und befriedigend es auch sein mag, sich in der Konzentration zu üben, bleibt das Ergebnis doch unvollständig, wenn sie nicht durch die Übung der Achtsamkeit ergänzt und vertieft wird. Für sich allein ähnelt die Konzentration einem Sich-Zurückziehen aus der Welt. Ihre charakteristische Energie ist eher verschlossen als offen, eher versunken als zugänglich, eher tranceartig als hellwach. Was diesem Zustand fehlt, ist die Energie der Neugier, des Wissensdrangs, der Offenheit, der Aufgeschlossenheit, des Engagements für das gesamte Spektrum menschlicher Erfahrung. Dies ist die Domäne der Achtsamkeitspraxis...“

Die Achtsamkeitsbasierte Stressreduktion ist eine Form der Meditation. Sie zielt darauf ab, sich ganz auf das Hier und Jetzt zu konzentrieren und mit dem Geist Einfluss auf den Körper zu nehmen.

BEAT-Check

Der BEAT-Check ist eine einfache Übung, mit der Sie einerseits die Achtsamkeit schulen und andererseits Ihren "Arbeitsmodus" überprüfen können.

Als Hilfsmittel benötigen Sie lediglich Ihre Hand. Ihr Daumen ist Ihr „Checker". Führen Sie nacheinander die Fingerspitzen Ihres Daumens mit den anderen Fingerspitzen zusammen. Überprüfen Sie hierbei:

Body (Körper): Daumen und Zeigefinger berühren sich. Achten Sie darauf, ob Sie angespannt oder entspannt sind, wie sich einzelne Körperpartien anfühlen, wie Sie den Kontakt zum Stuhl oder Boden spüren.

Emotions (Gefühle): Daumen und Mittelfinger berühren sich. Wie fühlen Sie sich? Sind Sie ruhig oder nervös, verspüren Sie Vorfreude, Ärger oder andere Gefühle?

Actions (Handlungen): Daumen und Ringfinger berühren sich. Wie haben Sie in den letzten Minuten agiert? Sind Sie gezielt vorgegangen? Waren Sie gerade dabei, sich zu verzetteln? Waren Sie zögerlich oder sprunghaft?

Thoughts (Gedanken): Daumen und kleiner Finger berühren sich. Welche Gedanken sind Ihnen zuletzt durch den Kopf gegangen? Waren diese eher hilfreich oder eher hinderlich?

Wenden Sie den BEAT-Check in nächster Zeit mehrmals täglich an und überprüfen Sie damit kurz: Wie geht es mir gerade? Was kann und will ich ändern?

Relevanz: Die Achtsamkeit ist ein wichtiger Gegenspieler zur Konzentration. Sie dient der Reflexion der inneren Harmonie, Selbstwahrnehmung und Stressreduktion.

Nutzung bzw. Implementierung: Achtsamkeit können Sie anhand einfacher Übungen wie den BEAT-Check lernen und üben. Hilfreich sind auch Workshops; für die nachhaltige Implementierung sorgen am besten Gesundheitszirkel oder SmarterLife-Meetings.

Arbeitszeiten

Das Arbeitszeitgesetz (ArbZG) besagt in §3: „Die werktägliche Arbeitszeit der Arbeitnehmer darf acht Stunden nicht überschreiten. Sie kann auf bis zu zehn Stunden nur verlängert werden, wenn innerhalb von sechs Kalendermonaten oder innerhalb von 24 Wochen im Durchschnitt acht Stunden werktäglich nicht überschritten werden."

An der Stelle könnte man diskutieren, ob dieses Gesetz sinnvoll ist oder ob es nicht besser wäre, etwas länger und dafür mit weniger Zeitdruck zu arbeiten. Aber grundsätzlich darf bzw. dürfte ein Arbeitnehmer – egal, ob einfacher Arbeiter, leitender Angestellter oder Geschäftsführer – im Durchschnitt nicht länger als acht Stunden pro Tag arbeiten.

Die Praxis sieht völlig anders aus. Welcher Arbeitnehmer kommt wirklich mit durchschnittlich acht Stunden pro Arbeitstag aus?

In §5, Abs. (1) ArbZG heißt es weiter: „Die Arbeitnehmer müssen nach Beendigung der täglichen Arbeitszeit eine ununterbrochene Ruhezeit von mindestens elf Stunden haben."

Nach einer aktuellen Studie nehmen 28 Prozent der Deutschen Extra-Arbeit nach Hause (Quelle: www.ftd.de, 24.05.2012). Bei immer mehr Beschäftigen sorgen Smartphones für Erreichbarkeit und damit für Unterbrechungen der Ruhezeiten rund um die Uhr.

Selbst im Urlaub wollen 49 Prozent der Beschäftigten bis zu drei Stunden am Tag arbeiten (Quelle: www.ftd.de, 07.07.2012).

Die hohe Diskrepanz zwischen rechtlichen Vorschriften und gängiger Praxis sollte unseres Erachtens nicht einfach ignoriert werden. Eine Anpassung der Gesetze an geänderte Rahmenbedingungen und geeignetere Kriterien als die reine Arbeitszeit wären wünschenswert. Wichtiger ist jedoch ein Überdenken gängiger Dogmen wie „Wer Verantwortung trägt, muss ständig erreichbar sein." und „Wer lange arbeitet, ist auch produktiv."

Relevanz: Eine Begrenzung der Arbeitszeit bzw. eine Gewährleistung von ausreichenden Regenerationszeiten erhält die Leistungsfähigkeit auf hohem Niveau.

Nutzung bzw. Implementierung: Anstatt Arbeitszeiten auch in die Freizeit und in den Urlaub auszudehnen, ist es sinnvoller, stärker zu priorisieren und Arbeitsabläufe schlanker zu gestalten.

Ausdauertraining

Das folgende Interview haben wir mit Uwe Kadner geführt. Er ist Fachtrainer für Ausdauersport.

JM: Uwe, Du hast im September 2010 am Transalpine-Run teilgenommen und ihn erfolgreich beendet. In diesem 2er Team-Lauf habt Ihr innerhalb von 8 Tagen ca. 310 Kilometer Horizontaldistanz und 28.000 Höhenmeter, bergauf und bergab zurückgelegt.

Welche Lernerfahrung bringt Dir diese Teilnahme, die Du sicher auch im beruflichen Alltag nutzen kannst?

UK: Dieser Lauf zeigt mir sehr eindrucksvoll, dass jeder von uns neue Wagnisse eingehen kann und sollte. Diese müssen selbstverständlich gut kalkuliert werden - im Rahmen der eigenen, individuellen Möglichkeiten, mit sorgfältiger Planung, guter Organisation, Fleiß, Ausdauer, Zuverlässigkeit und vor allem mit viel Optimismus und dem Glauben an sich selbst!

Dieser Glaube wiederum entsteht aus unserer eigenen Vorstellungskraft und der intrinsischen, also inneren Motivation, welche ich als die wichtigste Basis für außergewöhnliche Leistungen betrachte. Mit der „richtigen“

Motivation und Eigenverantwortung können wir nämlich unser „TUN“ immer und zu jeder Zeit selber und frei gestalten!

Bereits bei der Vorbereitung auf den Transalpine-Run wurde mir klar, dass hier keine Einzelkämpfer, sondern Teamplayer gefragt sind. Das Team ist nämlich immer nur so stark wie seine Mitglieder, denn jeder ist das Team! Und das hat mit Verantwortung zu tun, sich selbst gegenüber und natürlich gegenüber seinem Team- oder Geschäftspartner. Genau dieses Commitment ist auch im Geschäftsleben sehr wichtig!

JM: Du berätst ja auch sportlich weniger ambitionierte Menschen und erstellst individuelle Trainingspläne. Was sind die häufigsten Fehler, also Annahmen und Verhaltensweisen, die Du den Leuten ausreden musst?

UK: Falsche Vorstellungen äußern sich in Worten wie „Ich kann das ganz sicher allein!“; „Ich trainiere, wenn und wann ich das für sinnvoll halte, denn schließlich ist es ja meine Freizeit!“; „Ich brauche keinen Trainingsplan und keinen Coach!“ usw.

Darum ist mir Folgendes sehr wichtig: Zuerst einmal möchte ich den Menschen zuhören, sie verstehen und ihre Motivation kennenlernen. Denn jeder Einzelne ist ganz sicher einzigartig, es gibt verschiedenste Ausgangspositionen, individuelle Möglichkeiten und unterschiedliche Ziele! Die Interessenten sollen erst einmal ihre eigene Situation gründlich reflektieren und sich fragen: „Wo stehe ich, wo will ich hin?“ und „Passt mein Tun noch zu meinen Zielen?“ oder „Was ist mir wichtig und was bin ich bereit, dafür zu tun?“

Ich beginne jede Zusammenarbeit mit einer gründlichen Anamnese, in welcher ich nachschaue, wo er/sie körperlich und mental steht und welche Motivationen vorhanden sind. Danach folgt die individuelle Diagnose mit Entwicklung einer entsprechenden Trainingsplanung/Steuerung. Ich erkläre den Klienten anschließend alle Möglichkeiten mit den grundlegenden Zusammenhängen zwischen ihrer eigenen Entscheidung zu einer Veränderung, einem konsequenten, geplanten Training bis hin zu einer gesunden und abwechslungsreichen Ernährung.

Die Klienten sollen selber erkennen, dass ich kein Zauberer bin, sondern sie nur qualifiziert dabei unterstützen kann, einen neuen Weg zu gehen. Und für diesen Weg müssen sie sich selbst gegenüber nur verpflichten, dann ist ihr Erfolg garantiert!

JM: Das waren jetzt Tipps, um übliche Fehler zu vermeiden. Gibt es noch weitere Dinge zu beachten?

UK: Die meisten von uns kennen sicher die folgenden Worte: „Das schaffst du nicht!" oder „Warum etwas ändern, das haben wir schon immer so gemacht!" oder „Sei doch zufrieden und genügsam!" Sehr oft verhindern aber genau diese langjährigen Konditionierungen oder Meinungen anderer, dass wir selber bereit sind, die eigene „Komfortzone" zu verlassen, an unsere „Grenzen" zu gehen und diese zu überwinden.

Deshalb empfehle ich, hört in euch hinein, grabt eure Ziele und Wünsche wieder aus und glaubt an sie! Ihr könnt sie ganz sicher erreichen und ab sofort mit der Umsetzung beginnen, wenn sie euch selber wichtig genug sind und aus eurem Inneren kommen! Informiert euch, nehmt Unterstützung von Profis an und orientiert euch an erfolgreichen Menschen!

JM: Welche Effekte ergeben sich bei den meisten von Deinen Klienten?

UK: Ich begleite meine Klienten gerne zu ihren Zielen und lebe das vor, was ich ihnen vermitteln möchte. Nur so bin ich glaubhaft und authentisch und kann ihnen damit einfach und jederzeit wiederholbar den kürzesten, effektivsten Weg aufzeigen. Mir bereitet es stets Freude, meine Klienten auf ihre Teilerfolge aufmerksam zu machen, und ich feiere diese gebührend mit ihnen. So erleben sie in nachvollziehbaren Stepps ihre Fortschritte, sind stolz auf diese Erfolge und motivieren sich selber immer wieder neu. Diese „Erfolgskette“ bringt sie schließlich, meistens locker, leicht und mit Freude zu ihrem Ziel, genauso wie mich beim Transalpine-Run 2010.

Wie ich es aber vorhin schon betont habe, ist eine Zielerreichung über die äußere, also extrinsische Motivation letztendlich sehr beschwerlich oder sogar erfolglos, wenn die alles entscheidende, intrinsische Motivation des Klienten fehlt!

JM: Was ist speziell bei Firmengruppen zu beachten?

UK: Die oben genannten Folgen falscher Motivation sind nicht nur in sportlichen Bereichen zu beobachten, sondern zeigen sich auch in vielen Firmen und Geschäften.

Ich finde es deshalb wichtig und sinnvoll, Mitarbeiter von Firmengruppen über Strategien und Ziele immer aktuell zu informieren und transparent zu sein. Mitarbeiter sollten entsprechend ihrer Stärken im Unternehmen verantwortlich eingebunden werden. Dabei müssen und sollen natürlich auch Fehler möglich und erlaubt sein, die ja auch im Bereich des Sports, richtig verstanden und verbessert, stets zu neuen Qualitäten und Höchstleistungen führen. Immer gemäß dem Motto „learning by doing“.

Hier möchte ich noch meinen Lieblingsspruch von Goethe mitteilen, der vor vielen Jahren schon meinte: „Was immer du tun kannst oder wovon du träumst, fang damit an!"

In diesem Sinne sage ich „just do it" und wünsche viel Spaß bei der Verwirklichung von Träumen und Visionen. Sport ist hierbei nicht nur ein sinnvoller Ausgleich, sondern auch ein spannendes Lernfeld.

JM: Vielen Dank

Relevanz: Ausdauersport stärkt nicht nur die Kondition allgemeine Leistungsfähigkeit. Er verbessert auch das Körperbewusstsein. Mittel- und langfristig beugt er Herz- und Kreislauferkrankungen vor. Medizinische Untersuchungen legen nahe, dass bereits ein mehrwöchiges Training den Blutdruck von Bluthochdruck-Patienten signifikant senken kann*). Je nach den gesteckten Zielen können Sie mit dem Ausdauersport auch die Erfahrung machen, dass Sie mentale Grenzen überwinden können.

Nutzung bzw. Implementierung: z. B. Lauftreffs nach Feierabend ggf. in Verbindung mit der Anmeldung zu einem Laufevent

*) Wenn Sie unter Bluthochdruck leiden, sollten Sie jedoch Rücksprache mit Ihrem Arzt halten, welche Art und welche Intensität von Ausdauersport für Sie ratsam ist.

Nach 310 km am Ziel: Uwe Kadner und Guido Pieri
nach dem Zieleinlauf beim Transalpine-Run 2010

Atmung

Man unterscheidet zwei verschiedene Arten der Atmung. Die Brust- oder Leistungsatmung sowie die Bauch- oder Ruheatmung.

Wie bereits die Namen sagen:

Die **Brust- oder Leistungs- oder auch Hochatmung** wird im Brustraum ausgeführt, dann wenn Sie schnell, in kurzer Zeit, viel Energie (pro Atemzyklus ca. 2000 ccm Luft / Sauerstoff) benötigen. Sollten Sie einen 100-Meter-Sprint machen wollen, würden Sie in der Brustatmung atmen.

Die **Bauch- oder Ruheatmung** findet sehr viel ruhiger und entspannter im Bauchraum statt. Pro Atemzyklus werden ca. 4000 ccm Luft verbraucht. Sie befinden sich in der Bauchatmung, wenn Sie am Abend entspannt auf Ihrem Sofa sitzen oder wenn Sie in Ihrer Hängematte liegen und die Gedanken schweifen lassen.

Um innerlich möglichst entspannt aufregende Situationen bestehen zu können, benötigen Sie die Ruheatmung. Dummerweise sind wir in diesen Situationen wohl eher auf eine schnelle Flucht geeicht und atmen daher in der Leistungsatmung. Nun hören wir oft: „Willst du dich beruhigen, atme tief ein." Falsch! Eigentlich müsste es heißen: „Atme tief aus!". Denn wenn Sie einatmen, bleiben Sie in der Leistungsatmung. Tatsächlich kommen Sie nur eine Etage tiefer, in den Bauch, wenn Sie sich den Reflex des Zwerchfells, einer Muskelfaserplatte quer in Ihrer Bauchpartie, zunutze machen.

Übung: Kommen Sie von der Leistungsatmung in die Ruheatmung

Atmen Sie fest aus und pressen Sie alle Luft aus Ihren Lungen heraus. Damit bewirken Sie, dass das Zwerchfell die Wege zur Bauchatmung „öffnet".

1) Ausatmen: Die Lunge zieht sich zusammen, das Zwerchfell dehnt sich aus und die Luft wird aus der Lunge ausgestoßen.

2) Pause: Das Zwerchfell ist locker, die Lunge ruht. „Sauerstoff-Hunger" entsteht und fördert damit den Reflex, der die nächste Phase verursacht.

c) Einatmen: Die Lunge dehnt sich aus und das Zwerchfell zieht sich zusammen.

Machen Sie dies bewusst 3- bis 5-mal hintereinander. Sie werden merken, wie viel entspannter Sie an die Herausforderung gehen werden.

Durch die dargestellte Übung gelangen Sie in die Bauch- bzw. Ruheatmung, die generell und vor allem für Sprechsituationen günstiger ist, da:

- mehr Atemluft zur Verfügung steht
- der Ausatem-Strom kräftiger und ruhiger fließt
- die für die Stimmbildung wichtigen Muskelgruppen (Mundboden, Kiefermuskulatur etc.) entspannt sind
- das Lampenfieber durch Spannungskontrolle erträglich wird

Besprechungskultur

Besprechungen nehmen für viele einen erheblichen Teil der Arbeitszeit ein. Dabei ist das Vorurteil, dass Meetings langweilig sind und zu nichts führen, weit verbreitet. Anstatt die Besprechungen besser vorzubereiten und straffer zu führen, gilt es als normal, wenn Teilnehmer zwischendurch auf dem Blackberry oder iPhone ihre E-Mails checken und kurz beantworten.

Eine weitere Unsitte sind Telefonate, die der Anrufer nutzt, um bei längeren Autofahrten die Fahrzeit angenehm zu überbrücken. Für den Angerufenen, der am Schreibtisch sitzt, sind solche Telefonate oft gestohlene Zeit.

In der Unternehmenskultur sollte daher der respektvolle Umgang mit der Zeit einen hohen Stellenwert haben. Hierzu gehören insbesondere:

- gezielte Vorbereitung: Was ist das Ziel, was sind angestrebte Ergebnisse der Besprechung?
- ein offenes und konstruktives Gesprächsklima
- eine straffe Gesprächsführung
- Konzentration auf die aktuelle Besprechung
- sinnvoller Einsatz von Präsentation- und Moderationsmethoden (siehe auch systemisches Konsensieren)
- Zuverlässigkeit in der Umsetzung von Vereinbarungen

Coaching

Coaching ist eine individuelle Beratung durch einen Experten, in der es weniger darum geht, Ihnen die fachlich richtigen Ratschläge zu erteilen. Coaching bedeutet vielmehr, Sie dort abzuholen, wo Sie jetzt stehen und Sie so zu begleiten, dass Sie selbst erkennen, was für Sie bzw. in Ihrer Situation richtig ist. Der Coach trägt Sie also nicht zu Ihren Zielen, sondern hilft Ihnen, selbst die Ziele zu erreichen. Es kann auch darum gehen, mehr Klarheit über die eigene Situation zu gewinnen oder eine schwierige Entscheidung zu treffen.

Manche vergleichen die Arbeit eines Coaches mit der eines guten Architekten, der Ihnen dabei hilft, ihr Haus – also Ihr (Berufs-) Leben – nach Ihren eigenen Zielen und Vorstellungen so zu gestalten, dass Sie sich darin dauerhaft wohlfühlen.

Auf den ersten Blick erscheinen die Kosten für ein Coaching relativ hoch, da sich das Honorar nicht wie beim Seminar auf mehrere Schultern verteilt. Allerdings kann der Coach sehr individuell auf Ihre Bedürfnisse eingehen. Sie kommen daher wesentlich schneller zum Ziel.

Wenn Sie einen guten Coach suchen, helfen wir Ihnen gerne weiter: www.smarterlife.de/d/coaching

Relevanz: Die Zeit wird für viele Berufstätige immer knapper. Umso wichtiger ist es, bei wichtigen Themen zielgerichtet und effektiv voranzukommen.

Nutzung bzw. Implementierung: Klären Sie mit einem Coach Ziele und Vorgehen individuell ab (siehe auch TeleCoaching).

Empathie

Der Empathie, also der Fähigkeit, sich in die Gedanken und Emotionen des Gegenübers hineinzuversetzen, wird leider viel zu wenig Aufmerksamkeit geschenkt.

Empathie zu leben bedeutet:

- sich für seine Kollegen, Mitarbeiter und Kunden aufrichtig zu interessieren
- die Bedürfnisse, Wünsche und Mitarbeitertypologien zu erkennen und mit zu berücksichtigen
- die Stärken seiner Mitarbeiter bewusst zu stärken und fördern
- sich für den individuellen Erfolg seiner Mitarbeiter einzusetzen
- Prinzip der Ordnung und Unterordnung zu leben
- Bedeutung von Wort und Sprache zu nutzen
- Mut und Demut zu leben
- Vorbild zu sein
- Reiz-Reaktionsmechanismen im Griff zu haben
- analytische und kreative Intelligenz mit praktischer Intelligenz zu verknüpfen

Eine Vorstufe der Empathie ist das aktive Zuhören. Achten Sie doch einmal im Alltag, wie selten dies wirklich geschieht.

Relevanz: Empathie gilt als wesentlicher Bestandteil der Führungs- und Teamkompetenz. Empathische Menschen können die Motivation von Kollegen und Mitarbeitern besser einschätzen. Außerdem ist Empathie wichtig im Marketing und beim persönlichen Verkauf.

Nutzung bzw. Implementierung: Empathie ist oft ein Bestandteil von Kommunikationstrainings.

Ernährung

Wie wichtig gesunde Ernährung ist, haben wir wohl mittlerweile alle im Hinterkopf. Dabei sind nicht nur der Blick auf die eigene Waage und die Warnungen der WHO vor einer „weltweiten Fettsuchtepidemie“ (siehe oben) wichtig. Wichtiger als von außen gesetzten Normen und Schönheitsidealen nachzueifern wäre ein Bewusstsein, dass unser Körper nur das verbrennen und in Energie umsetzen kann, was wir in Form von Nahrung zu uns nehmen. Kaum einer würde für sein Auto minderwertiges Benzin tanken. Warum also sind wir bei unserer Ernährung so schlampig?

Susanne Wendel hat sich gezielt mit dem Thema auseinandergesetzt, wie wir trotz Stress, Zeitmangel und Bequemlichkeit gesund essen können.

Ihre 5 wichtigsten Tipps sind:

- Essen Sie bunt: Sie sollten bei jeder Mahlzeit mindestens drei Farben auf Ihrem Teller sehen (heißt: viel Obst und Gemüse)
- Trinken Sie jede Stunde ein Glas Wasser – und zu den Mahlzeiten Frucht- und Gemüsesäfte oder, Saftschorlen. Ein Erwachsener braucht 2 Liter Flüssigkeit am Tag.
- Kombinieren Sie „Ungesundes“ immer mit etwas „Gesundem“. Beispiel: Wenn es schon eine Currywurst sein soll, dann nehmen Sie noch einen Apfel als Dessert.
- Verzichten Sie mittags auf allzu schwere, fette und kohlenhydratreiche Mahlzeiten und auf süße Desserts. Und natürlich auf Alkohol, das alles macht müde!
- Essen Sie sich satt – nicht voll! Nur so viel, dass Sie noch ein wenig Hunger haben, dann ist es optimal.

Relevanz: Nicht umsonst achten Spitzensportler auch sehr auf ihre Ernährung. Wer viel leisten will, sollte sich entsprechend ernähren.

Nutzung bzw. Implementierung: Nehmen Sie das Wort „Lebensmittel“ ruhig wörtlich. Essen Sie – wann immer möglich – bewusst. Besuchen Sie Koch- und Ernährungskurse, um immer wieder einmal neue Impulse zu bekommen.

Gelassenheit

Zitat:

In der Ruhe liegt die Kraft.

Deutsches Sprichwort

Das Gegenteil von blindem Aktionismus ist Gelassenheit. In den meisten Situationen ist es hilfreicher, ruhig zu bleiben anstatt vorschnell zu entscheiden oder zu handeln.

Was können Sie in schwierigen Situationen tun, um gelassen zu bleiben?

Tief durchatmen: Durch gezielt tiefes Atmen können Sie Stress und Anspannung regelrecht „wegatmen“. Sie signalisieren dem Körper, dass die Situation nicht so schlimm ist und unterbrechen damit den unbewussten und automatischen Prozess, durch den Sie immer verspannter und unruhiger werden.

Gehen Sie innerlich auf Distanz: Mit dem nötigen Abstand sind die Probleme längst nicht so groß wie sie zunächst erscheinen. Checken Sie: Ist es wirklich so schlimm? Was würde ich einer anderen Person raten, die in meiner Situation ist? Wie werde ich in 5, 10 oder 20 Jahren über diese Situation denken?

Analysieren Sie die Situation: Überlegen Sie sich Antworten auf die folgenden Fragen: Was genau ist im Moment so stressig? Was kann schlimmstenfalls passieren? Wie wahrscheinlich ist das? Was kann ich konkret tun, um die Situation zu ändern?

Soziale Unterstützung: Gibt es jemanden, der Sie in dieser Situation unterstützen kann? Geteiltes Leid ist ja bekanntlich halbes Leid. Wählen Sie eine Person, die zuhören kann und nicht einfach nur schlaue Ratschläge erteilt. Suchen Sie sich notfalls professionelle Hilfe.

Zitat:

Dem Geduldigen laufen die Dinge zu,
dem Eiligen laufen sie davon.

aus Indien

Grenzen überwinden

Wussten Sie schon? Ein "normaler" Floh kann aus dem Stand etwa einen Meter hoch springen. Damit die Zuschauer die Kunststücke im Flohzirkus gut beobachten können, ist dort die Umrandung gerade einmal 30 cm hoch. Warum entspringen die kleinen Artisten nicht einfach in die Freiheit? Die Antwort lautet: Sie werden zu Beginn ihrer Karriere "domestiziert":

Über die Zirkusarena wird eine Glasscheibe gelegt. Jedes Mal wenn der Floh zu hoch springt, stößt er mehr oder weniger schmerzhaft an die Scheibe. Beim Lernvermögen eines Flohs dauert es mehrere Tage, bis er sich ein passendes Bild seiner Welt gemacht hat: "Meine Welt ist 30 cm hoch. Dann kommt eine feste Grenze. Jeder Versuch, diese Grenze zu überwinden, ist schmerzhaft und ohne Aussicht auf Erfolg."

Sein Weltbild sorgt also dafür, dass er auch dann keine allzu großen Sprünge macht, wenn die Glasscheibe längst entfernt ist.

Und wie ist es bei Ihnen? Sind Sie auch manchmal ein Floh?

Legt Ihnen Ihr Weltbild Schranken auf, die längst nicht mehr existieren? Schränken Sie sich unnötig ein?

Übung: Grenzen überwinden

Unser Weltbild ist geprägt durch unsere Erfahrungen. Es erleichtert uns, neue Situationen schnell einzuordnen und schnell zu reagieren. Wenn wir unser Weltbild aber nicht von Zeit zu Zeit hinterfragen, verharren wir in Prinzipien, Gewohnheiten, Verhaltensmustern und Rollen, die uns unnötige Grenzen auferlegen.

a) Sammeln Sie zunächst auf einem eigenen Blatt, welche Regeln und Prinzipien Ihnen von Eltern, Lehrern und Vorgesetzen mitgegeben wurden. Sammeln Sie am besten in Form eines Brainstormings, das heißt ohne Zensur, was Ihnen einfällt. Beispiele können sein: „Wer bezahlt, schafft an." oder „Reden ist Silber, Schweigen ist Gold.".

....

....

b) Ergänzen Sie Ihre Liste durch Verbote, die real oder auch nur in Ihrer Vorstellung existieren. Beispiele: „Es ist unhöflich, andere zu unterbrechen." oder „Ich darf einen Kunden nicht verärgern."

....

....

c) Ergänzen Sie Ihre Liste durch Dinge, die Sie unter allen Umständen verhindern wollen – „Horrorszenarien“. Beispiele: „Ich darf einem Kunden keinen Anlass geben, sich zu beschweren.“

....

....

d) Gehen Sie nun die Punkte Ihrer Liste langsam durch und markieren Sie – am besten mit einem Farbstift oder Marker – die Punkte, bei denen Sie ein Unbehagen oder Ärger verspüren.

e) Greifen Sie schließlich einen Punkt heraus, den Sie bearbeiten wollen und überlegen Sie:

- Gibt es Situationen, in denen ich eine Ausnahme von der bisherigen Regel machen würde?
- Wie möchte ich mich konkret verhalten?
- Welche Voraussetzungen müssen gelten, damit ich eine neue Verhaltensweise wagen kann?

Beispiel: Für Sie ist eine Kundenbeschwerde ein „Horrorszenario“, das Sie unter allen Umständen vermeiden wollen. Eine Ausnahme könnten Sie sich aber vorstellen, wenn ein Kunde unsachlich oder unverschämt auftritt und für sachliche Argumente nicht zugänglich ist.

Sie möchten in solchen Fällen sachlich aber bestimmt auftreten – auch auf die Gefahr hin, dass dies dem Kunden missfällt. Als Voraussetzung müsste gelten, dass mit dem Vorgesetzen klare Richtlinien für derartige Situationen vereinbart sind und dass Sie sich der Rückendeckung Ihres Vorgesetzten sicher sein können.

f) Erfolgserlebnisse festhalten:

Achten Sie in den nächsten Wochen bewusst darauf, wie Sie sich in entsprechenden Situationen verhalten. Notieren Sie stichpunktartig Ihre Erfolge und Teilerfolge.

Meine (Teil-) Erfolge: ....

....

....

Hinweis: Konzentrieren Sie sich in den nächsten Wochen möglichst nur auf 2 bis 3 Lernziele. Erst wenn Sie diese erreicht haben, sollten Sie sich neue Ziele stecken.

Körperbewusstsein

Sind Sie auch ein „verkopfter" Mensch, der die Signale des Körpers häufig gar nicht mehr wahrnimmt oder fehlinterpretiert? Wenn wir Kindern zum Trost Schokolade geben oder wenn wir unserer Müdigkeit mit Koffein vertreiben, tragen wir dazu bei, dass Körperbewusstsein verloren geht. Anstatt das eigentliche Bedürfnis ernst zu nehmen, lenken wir ab oder putschen uns auf. Um den Bedürfnissen den Körpers gerecht zu werden, ist es wichtig, ein feinfühliges Köperbewusstsein zu entwickeln. Dazu zählt, dass wir die Möglichkeiten und Fähigkeiten unseres Körpers richtig einschätzen lernen.

Körperbewusstsein wird gestärkt über Sport – insbesondere wenn er Feinmotorik und Gleichgewichtssinn erfordert. Dies ist beispielsweise beim Klettern, Surfen oder Skaten der Fall. Gleiches gilt für Yoga, Meditation und alle Übungen, die die Eigenwahrnehmung fördern.

Auch beim Essen können Sie Ihr Körperbewusstsein trainieren, indem Sie genau darauf achten, wann Sie satt sind und wie bekömmlich einzelne Nahrungsmittel für Sie sind.

Lach- und Humorseminare

„Lachen ist gesund“ oder „Lachen ist die beste Medizin“ sagt der Volksmund. Erste Studienergebnisse einer noch jungen Wissenschaft – der Lachforschung oder auch Gelotologie – weisen darauf hin, dass dies wirklich zutreffend ist.

Lachen bewirkt, dass unser Organismus entspannt, gut durchblutet und mit viel Sauerstoff versorgt wird. Körperliches und geistiges Wohlbefinden entstehen, ein Gefühl der sozialen Nähe und Geborgenheit. Damit das angenehme Gefühl, die glücklichen Momente anhalten, sollten wir möglichst viel und regelmäßig lachen und diese Lebensfreude auch weitergeben.

Lachen hat mannigfaltige positive Auswirkungen auf den menschlichen Organismus. Die physiologischen Wirkungen sind in den letzten 20 Jahren in der Lachforschung (Gelotologie) untersucht worden. Es gibt mittlerweile viele Hinweise, dass das Lachen als Erscheinungsform von Humor bereits aus physiologischer Sicht besonders gut geeignet ist, einen Menschen gegen Stress und Erkrankungen zu wappnen.

Eine Minute Lachen ist angeblich so erfrischend wie 45 Minuten Entspannungstraining. Beim heftigen Lachen bewegt man nicht nur die Mehrzahl der 21 Gesichts-Muskeln. Man kommt auf insgesamt bis zu 80 aktivierte Muskeln: Die Schultern zucken, der Brustkorb bebt und das Zwerchfell hüpft. Das Herz schlägt beim Lachen schneller, der Blutdruck steigt in gesundem Maße an und die Sauerstoffzufuhr über die Lungen wird erhöht. Der Sauerstoff gelangt auch ins Gehirn, wo er besonders nötig ist, auch für die Stimmung.

Freuden- und Lach-Tränen unterscheiden sich übrigens biochemisch deutlich von Tränen der Trauer und des Schmerzes.

Nach dem Lachen beruhigt sich der Organismus rasch wieder. Dies ist ein wichtiger Unterschied zum Disstress, der ungesunden Art des Stresses, der lange nachwirkt. Die Stimmung und das Nervensystem sind nach dem Lachen stabilisiert. Zumindest für kurze Zeit befindet sich der Körper in Balance. Dies liegt an der vermehrten Ausschüttung von Katecholaminen, den Botenstoffen im Zentralen Nervensystem, die auch für die Stimmungsstabilisierung verantwortlich sind. Auch Endorphine, also körpereigene morphinähnliche Opiat-Verbindungen, werden beim Lachen ausgeschüttet.

Regelmäßiges Lach- und Humortraining hat vielfältige positive Auswirkungen:

- senkt den Stresshormonspiegel (Cortisol) und den Cholesterinspiegel
- stimuliert das Herz-Kreislauf-System und senkt den Blutdruck (Hypertonie)
- entspannt den Körper und verbessert die Schlaffähigkeit
- verbessert die Sauerstoffzufuhr zum Gehirn und erhöht die Konzentration
- stärkt das Immunsystem, also die körpereigene Abwehrkraft gegen Viren und Bakterien (Ig-A, natürliche Killerzellen, T-Lymphozyten)
- mildert depressive Verstimmungen
- stärkt die Soziale Kompetenzen und das soziale Miteinander
- hilft alte Verhaltensmuster loszulassen und steigert die Kreativität
- beschleunigt Problemlösungsprozesse

- baut emotionale Spannungen ab und kann einen Perspektivenwechsel in Gang setzen
- hilft eine positive Lebenseinstellung zu entwickeln
- steigert die Produktivität

Generell ist der so genannte „Sinn für Humor“ und „Lachen“ eine wichtige Ressource im Rahmen der Stressbewältigung, da er uns ermöglicht, Distanz zu gewinnen, die Perspektive zu wechseln und spielerisch mit den ernsten Anforderungen und Belastungen des Lebens umzugehen.

Relevanz: Lachen ist nicht nur gesund. Es beeinflusst auch Stimmung und Betriebsklima positiv und steigert die Produktivität.

Nutzung bzw. Implementierung: Die Erfahrungen mit Lach- und Humortraining zeigen, dass die „Lachmuskeln“ trainierbar sind. Je häufiger wir lachen, umso leichter wird es, das Amüsante und Lustige in einer Situation zu sehen, kreative Lösungen zu entwickeln und sich als Team mit seiner Firma verbunden zu fühlen.

Massage

Der Nutzen von Massage ist vielfältig. So hilft eine kontinuierliche Massage-Therapie sich zu entspannen, neu auszurichten und zu verjüngen. Mit einem individuellen „Massage-Design“ bewirken die Therapeuten des „Patti and Allan Herbert Wellness Center“ an der University of Miami eine Vielfalt von positiven Effekten.

Massage

- baut Stress ab
- fördert die Entspannung
- verbessert die Körperhaltung
- verbessert die Durchblutung
- senkt den Blutdruck
- hilft beim Umgang mit Schmerz
- entspannt die Muskeln
- verbessert die Flexibilität und Beweglichkeit
- löst spannungsbedingte Kopfschmerzen
- stärkt das Immunsystem
- verbessert die postoperative Rehabilitation
- verbessert die Rehabilitation nach Verletzungen

Jüngste wissenschaftliche Studien legen auch nahe, dass Massagen bei der Behandlung von folgenden Beschwerden unterstützen:

- Allergien
- Depression und Angst
- Arthritis
- Karpaltunnelsyndrom
- Asthma und Bronchitis
- Kreislauf-Probleme
- Insomnia (Schlafstörungen)
- Sportverletzungen
- Kiefergelenk-Dysfunktion (TMD)
- Fibromyalgie und Chronic Fatigue Syndrom
- Erkrankungen des Bewegungsapparates

Relevanz: Massagen sind nicht nur angenehm, es wurden auch vielfältige positive Effekte nachgewiesen (siehe oben)

Nutzung bzw. Implementierung: Ein besonderer Vorteil der Massage liegt darin, dass auch unsportliche Mitarbeiter für die Themen Ausgleich und Gesundheitsförderung sensibilisiert werden können. Wichtig erscheint uns aber, dass Massagen lediglich als Einstieg oder Ergänzung angeboten werden. Auf Sicht sollte die Aktivität und Selbstverantwortlichkeit des Mitarbeiters im Vordergrund stehen.

Meditation

Die Harvard-Forscherin Sara Lazar und ihre Kollegin Britta Hölzel haben sich eingehend mit Meditation und deren Auswirkungen auf gestresste Personen auseinandergesetzt. Der Hypocampus ist anfällig für Stress, Neuronen sterben unter Stress, wenn der Kortisol-Level zu hoch ist.

In einer Studie erhielten Probanden ein 8-wöchiges Meditationstraining. Zusätzlich wurden sie angewiesen, auch zu Hause täglich zu meditieren. Nach dem 8-wöchigen Training fühlten sich die Probanden subjektiv dem Stress besser gewachsen. Aber auch physiologisch ließen sich Änderungen feststellen. Die Struktur spezifischer Hirnareale hatte sich verändert. Im Hypocampus hatte die Dichte der grauen Substanz zugenommen. Das heißt, die stressbedingten Änderungen konnten mittels Meditation rückgängig gemacht werden.

Sitzmeditation

Eine beliebte Einstiegsübung zum Meditieren ist die sogenannte Sitzmeditation. Sie kann im Lotussitz, im halben Lotussitz oder auch Fersensitz durchgeführt werden. Normalerweise sitzt man auf dem Boden, es ist aber auch möglich, auf einem Stuhl sitzend zu meditieren. Wichtig ist, dass die Körperhaltung betont aufrecht und stabil ist. Sie soll ein harmonisches Verhältnis zwischen Spannung und Entspannung erlauben. Die Hände können Sie auf die Knie bzw. den unteren Oberschenkel legen. Daumen und Zeigefinger berühren sich. Oder Sie legen die Hände mit den Handflächen nach oben ineinander und auf Ihren Schoß.

Lotussitz

Zu Beginn der Meditationssitzung sollten Sie eine Position und Haltung finden, die Sie einige Minuten beibehalten können. Denn während der Sitzmeditation wird der Körper nicht bewegt. Die körperliche Disziplin stützt die innere geistige Beobachtung und Konzentration.

Es gibt viele Varianten der Meditation. Doch stets geht es um vollkommene Achtsamkeit. Richten Sie Ihre Konzentration auf Ihren Körper, beobachten Sie sich selbst: die Haltung, den Atem und die Gedanken, die Ihnen kommen. Normal ist es, dass unsere Gedanken springen und dass uns allerlei durch den Kopf geht. Versuchen Sie, Ihre Aufmerksamkeit möglichst lange zum Beispiel bei Ihrer Atmung zu halten bzw. immer wieder zurückzukehren. Durch die Konzentration, Haltung, und Beobachtung kommt der Strom der Gedanken zur Ruhe oder wird zeitweise komplett unterbrochen. Sie haben direkten Einfluss auf Ihr Empfinden, möglicherweise wird Unbewusstes wieder bewusst und kann gelöst werden. In diesem Zustand können auch mystische Erfahrungen eintreten.

Die Sitzmeditation hat in ihrer ursprünglichen Form des japanischen Zazen kein definiertes Ziel. Daher gibt es außer dem Hinweis auf Achtsamkeit kaum allgemeine Anweisungen, wie sie durchzuführen ist. Durch die ungewohnte Haltung auftretende Schmerzen werden beim Zazen weder verdrängt noch weiter beachtet.

Weitere Studienergebnisse

Jeder fünfte Deutsche (19,7%) und jede sechste deutsche Führungskraft (16,8%) praktizieren Techniken wie Meditation und Yoga (www.paradisi.de, 2009).

Die möglichen Wirkungen und Effekte umfassen ein weites Feld. Unter anderem wird berichtet:

- Meditation senkt den Blutdruck, verlangsamt die Atemfrequenz und den Herzschlag
- mildert depressive Verstimmung
- verringert Stressempfinden und Angstzustände
- hat positive Effekte auf das Immunsystem
- kann stressbedingte Schädigungen des Gehirns (Hypocampus) rückgängig machen
- Meditation kann ggf. sogar den Alterungsprozess im Gehirn aufhalten

- Meditation ist ein Werkzeug, um bewusst zu erleben, bewusst zu leben

(Quellen: u.a. Goette, 2011, wissenschaft.de, 2003)

Leider haben viele Studien das Manko, dass die Anzahl der Versuchspersonen sehr gering sind. Insofern sind die beschriebenen Wirkungen eher Hinweise als Nachweise. Die Effekte, die Sie für sich selbst erzielen können, hängen außerdem natürlich stark davon ab, wie regelmäßig und konsequent Sie selbst meditieren.

Relevanz: vielfältige positive Effekte, siehe oben

Nutzung bzw. Implementierung: Meditationskurse können im Rahmen der Gesundheitsförderung leicht angeboten werden.

Patientenkompetenz

Wie schon im Kapitel „Der Präventionsgedanke" dargestellt, reicht es nicht, die Themen eigene Gesundheit und Mitarbeitergesundheit vertrauensvoll in die Hände der Ärzte zu legen. Selbst wenn im Gesundheitssystem und in der Schulmedizin alles richtig laufen würde, sind Gesunderhaltung und Gesundung nur möglich, wenn wir mit unserer Gesundheit eigenverantwortlich umgehen.

Nach eigenen Erfahrungen mit seiner Krebserkrankung wurde der Onkologe Prof. Dr. Gerd Nagel zum Kritiker seiner Zunft. Im Rahmen der „Stiftung Patientenkompetenz" spricht er sich gegen die hochgradig schematisierte Vorgehensweise in der Schulmedizin aus. Er fordert „Wir müssen besser lernen, den Menschen mit seinen Ressourcen zu erfassen und zu stärken, wir haben dort enorme Defizite".

Patientenkompetenz definiert Nagel als die Fähigkeit des Patienten

- sich den Herausforderungen der Erkrankung zu stellen
- sich auf die eigenen und fremden Ressourcen zur Krankheitsbewältigung zu besinnen
- diese Ressourcen zu nutzen
- dabei auch persönliche Bedürfnisse zu berücksichtigen
- eigene Zielvorstellungen zu verfolgen und
- Autonomie zu wahren

(Quelle: Gerd Nagel: Patientenkompetenz, Self-Empowerment und Komplementärmedizin)

In der Praxis wird „Patientenkompetenz" nur selten gelebt. Zu groß sind die Widerstände durch ein eingefahrenes Rollenverständnis von Ärzten und Patienten. Außerdem ist es aus Sicht der Patienten kurzfristig immer bequemer, die Verantwortung abzuschieben als sich selbst zu informieren, die Ernährung oder Verhaltensgewohnheiten umzustellen.

Relevanz: Wenn die Erkenntnis „Prävention ist besser als Heilung" mehr sein soll als nur ein Lippenbekenntnis, ist Selbstverantwortung unverzichtbar.

Nutzung bzw. Implementierung: Patientenkompetenz und Selbstverantwortung sind Teilaspekte des Selbstmanagements bzw. einer pro-aktiven Lebensgestaltung (siehe u.a. Persönliches Gesundheitsmanagement und Selbstmanagement).

Zitat:

Der Arzt bist Du, ich bin Dein Gehilfe.

Paracelsus

Pausengestaltung

Der positive Effekt von Pausen wurde in vielen Studien untersucht. Auf die wichtigsten Fragen und natürlich auch Antworten gehe ich im Folgenden kurz ein:

Verliere ich durch Pausen nicht unnötig Zeit?

Bei nahezu allen Arbeiten lassen Tempo, Konzentration und damit die Arbeitsleistung relativ schnell nach. Daher dauern Unterrichtseinheiten in der Schule meist 45 Minuten. Bei hochkonzentrierter Arbeit wird auch für Erwachsene empfohlen, nach 45 Minuten zu pausieren. Bei Routinearbeit im Büro empfiehlt es sich, spätestens nach 70 Minuten kurz zu „ent-spannen“.

Durch gezielte Pausen können Sie Ihre Konzentration verbessern, vermeintlich verlorene Zeit holen Sie schnell wieder auf.

Warum sollte ich Pausen explizit planen?

Wenn Sie sich erst dann eine Pause gönnen, wenn Sie merken, dass Sie es nötig haben, ist es eigentlich schon zu spät. Die Leistungsfähigkeit ist schon stark abgesunken. Sie haben also schon eine Weile gearbeitet, in der Sie mehr Energie als nötig aufwenden mussten, in der das Fehler- und ggf. Unfallrisiko erhöht war usw. Auch der positive Erholungseffekt ist bei einer späten Pause nicht mehr so ausgeprägt.

Was ist die optimale Pausenlänge?

Der Erholungseffekt ist zu Beginn einer Pause am größten und lässt dann langsam nach. Daher ist es besser, im Laufe eines Tages 4 mal 15 Minuten zu pausieren als 1 mal eine Stunde. Aber auch noch kürzere Pausen von 30 Sekunden bis maximal einer Minute können sehr hilfreich sein. Lassen

Sie den Blick einmal in die Weite schweifen oder atmen Sie tief durch. Überprüfen Sie dabei Ihren "Arbeitsmodus". Arbeiten Sie sprunghaft und hektisch oder konzentriert und zielorientiert?

Wie kann ich die Pause gestalten, um den größten Erholungseffekt zu erzielen?

Nehmen Sie den Begriff „ent-spannen“ wörtlich und machen Sie etwas, was einen Ausgleich zu Ihrer Arbeit schafft. Wenn Sie eine sitzende Tätigkeit im Büro haben, stehen Sie auf oder machen Sie einen kurzen Spaziergang. Gymnastische Übungen, auch Dehn- und Stretchübungen oder den Blick in die Ferne schweifen lassen sind wertvolle Möglichkeiten, zu regenerieren.

Hier noch einmal zusammenfassend positive Wirkungen von Pausen:

- Konzentration und Leistungsfähigkeit werden hoch gehalten.
- Die Gefahr von Fehlern und Unfällen wird reduziert.
- In Pausen wird Ihnen eher bewusst, dass das eben gezeigte Arbeitsverhalten ggf. nicht optimal zielführend war. Es war vielleicht zu sprunghaft, zu hektisch, gereizt usw.
- Sie bemerken psychischen Stress und körperliche Spannungen und können durch Entspannung und Dehnung frühzeitig entgegenwirken.

Relevanz: Sie halten Ihre Leistungsfähigkeit länger auf hohem Niveau.

Nutzung bzw. Implementierung: Stellen Sie sich anfangs einen Wecker, wenn Sie dazu neigen, sich Pausen zu spät oder gar nicht zu gönnen.

Progressive Muskelentspannung nach Jacobson

Im angloamerikanischen Bereich spielt die Progressive Muskelentspannung oder (Muskel-) Relaxation eine ähnlich bedeutende Rolle wie im deutschsprachigen Raum das Autogene Training. Die Methode geht auf den amerikanischen Physiologen Edmund Jacobson zurück. Dieser hat zu Beginn des 20. Jahrhunderts entdeckt, dass

- bei Spannungsgefühlen (z. B. Angst) eine Muskelkontraktion beteiligt ist und dass
- die Spannungsgefühle behoben werden können, indem man die Muskelanspannung beseitigt.

Aufbauend auf dieser Wechselwirkung zwischen Gefühlen und Muskeln hat Jacobson ein Training entwickelt, das folgende Grundzüge aufweist:

- Man lernt alle Muskelgruppen des Körpers anzuspannen und zu lockern.
- Um zu lernen, wie man sich entspannt, ist es wichtig, die Empfindungen von Spannung und Entspannung bewusst wahrzunehmen.
- Die Fähigkeit, sich zu entspannen, kann ebenso gelernt werden wie andere motorische Fähigkeiten (Schwimmen, Radfahren).

Wie bei anderen mentalen Methoden sollte man bei der Progressiven Muskelrelaxation täglich üben. Dies fällt jedoch relativ leicht, da man von Anfang an Erfolge erleben kann. Am besten ist es, täglich zweimal 15 bis 20 Minuten zu üben, wobei zwischen den Sitzungen mindestens 3 Stunden Abstand liegen sollten. Wenn Sie sich weniger Zeit nehmen, stellt sich der Erfolg etwas später ein.

Ideal zum Üben ist ein ruhig gelegener Raum, in dem Sie vor Störungen durch Telefon, Klingel, Straßenlärm usw. sicher sind. Die Kleidung sollte bequem sein; außerdem sollten Sie nichts tragen, was drücken oder einengen könnte (also keine engen Gürtel, Brille, Kontaktlinsen, Uhr, Schuhe etc.). Als letztes Utensil benötigen Sie einen Sessel oder ein Sofa, auf dem Ihr Körper vollständig gestützt ist, sodass keine Anspannung für die Körperhaltung nötig ist. Da während der Übung die Augen geschlossen sind, kann bzw. sollte der Raum abgedunkelt sein.

Wenn Sie diese Idealbedingungen zum Üben nicht schaffen können, hat dies Vor- und Nachteile. Einerseits werden Sie nicht so schnell Fortschritte machen, andererseits ist für Sie die Anwendung in Alltagssituationen (im Büro, zur Vorbereitung einer wichtigen Besprechung oder Präsentation usw.) einfacher.

Anfangs wiederholen Sie zum Üben für alle 16 Muskelgruppen folgenden Ablauf:

1. Konzentration auf die Muskelgruppe
2. Die Muskelgruppe 5 - 7 Sekunden (die Füße kürzer) anspannen. Dabei wird die Spannung allmählich aufgebaut und einige Sekunden gehalten.
3. Anspannung schlagartig lockern
4. Konzentration auf die Lockerung der Muskelgruppe
5. 45 - 60 Sekunden Pause

Unmittelbar nach einem Zyklus für eine Muskelgruppe sollten Sie zur Verstärkung der Entspannung die einzelnen Schritte mindestens einmal, falls erforderlich bis zu viermal, wiederholen.

Der folgenden Tabelle können Sie die 16 Muskelgruppen sowie Erklärungen, wie Sie sie anspannen können, entnehmen.

Muskelgruppe	Hilfestellung zur Anspannung
1. Dominante Hand und Unterarm	Machen Sie eine feste Faust.
2. Dominanter Oberarm	Drücken Sie den Ellenbogen fest nach unten (auf die Lehne, das Sofa oder den Boden).
3. Nichtdominante Hand und Unterarm	(siehe 1.)
4. Nichtdominanter Oberarm	(siehe 2.)
5. Stirn	Heben Sie die Augenbrauen so stark wie möglich.
6. Obere Wangenpartie und Nase	Rümpfen Sie die Nase und kneifen Sie die Augen zusammen.
7. Untere Wangenpartie und Kiefer	Beißen Sie fest zu und ziehen Sie die Mundwinkel nach unten.
8. Nacken und Hals	Drücken Sie das Kinn auf die Brust und verhindern Sie gleichzeitig, dass es die Brust berührt.
9. Brust, Schultern und obere Rückenpartie	Drücken Sie die Schulterblätter hinten zusammen.
10. Bauchmuskulatur	Machen Sie den Bauch hart.
11. Dominanter Oberschenkel	Spannen Sie die Strecker und Beuger gleichzeitig an.
12. Dominanter Unterschenkel	Ziehen Sie die Zehen nach oben.
13. Dominanter Fuß	Strecken Sie den Fuß nach innen und beugen Sie die Zehen.
14. Nichtdominanter Oberschenkel	(siehe 11.)
15. Nichtdominanter Unterschenkel	(siehe 12.)
16. Nichtdominanter Fuß	(siehe 13.)

Zusammenfassung von Muskelgruppen

Wenn Sie das oben skizzierte Grundverfahren beherrschen, können Sie dazu übergehen, die 16 Muskelgruppen auf zunächst 7 und später 4 zusammenzufassen (siehe Tabelle). Nach 7 bis 8 Wochen Training sollten Sie versuchen, die

Entspannung auch ohne vorherige Anspannung zu erreichen. Nach einer weiteren Woche können Sie zusätzlich zur Vorstellung, dass sich die Muskeln entspannen, von 1 bis 10 zählen. Dabei zählen Sie jeweils beim Ausatmen und versuchen gleichzeitig, die Entspannung ein wenig zu steigern. Schließlich ist es möglich, sich nur noch durch das Zählen von 1 bis 10 innerhalb von kürzester Zeit völlig zu entspannen. Nach etwa 10 Wochen haben Sie sich eine Fähigkeit angeeignet, die die Entspannung an jedem beliebigen Ort und in jeder (geeigneten) Situation ermöglicht.

Die zeitlichen Angaben sind natürlich nur Richtwerte. Je nach Vorerfahrung und Übungshäufigkeit kann der individuelle Zeitbedarf sehr unterschiedlich sein.

Muskelgruppe	**7 Gruppen**	**4 Gruppen**
1. Dominante Hand und Unterarm	1	1
2. Dominanter Oberarm	1	1
3. Nichtdominante Hand und Unterarm	2	1
4. Nichtdominanter Oberarm	2	1
5. Stirn	3	2
6. Obere Wangenpartie und Nase	3	2
7. Untere Wangenpartie und Kiefer	3	2
8. Nacken und Hals	4	3
9. Brust, Schultern und obere Rückenpartie	5	3
10. Bauchmuskulatur	5	3
11. Dominanter Oberschenkel	6	4
12. Dominanter Unterschenkel	6	4
13. Dominanter Fuß	6	4
14. Nichtdominanter Oberschenkel	7	4
15. Nichtdominanter Unterschenkel	7	4
16. Nichtdominanter Fuß	7	4

Schnellentspannung im Büro

Mit folgender Übung können Sie sich sehr schnell und wirkungsvoll entspannen:

Setzen Sie sich auf Ihren Bürostuhl und spannen Sie für einige Sekunden Ihre Muskeln an: Arme, Beine, Gesäß, Bauch usw. Ziehen Sie auch die Schultern hoch und kneifen Sie das Gesicht zusammen. Erhöhen Sie die Spannung ganz allmählich. Wenn Sie meinen, es geht nicht fester, spannen Sie alles noch ein bisschen mehr an. Lösen Sie dann schlagartig die Spannung und genießen Sie die Entspannung. Wiederholen Sie die Übung je nach Bedarf einige Male.

Relevanz: Ent-Spannung als Gegenpol zu Stress und Spannung ist sehr wichtig. Die progressive Muskelentspannung fällt Anfängern meist relativ leicht.

Hilfreich ist die Methode bei Stress, Angst, Lampenfieber, Spannungskopfschmerz. Als ergänzende Maßnahme kann sie eingesetzt werden zur Behandlung von Migräne, Tinnitus, Schlafstörungen, Konzentrationsstörungen, Bluthochdruck, Asthma, Stottern, Reizblase, Übergewicht und Magenproblemen.

Gegenanzeigen: Bei bestimmten Krankheitsanzeichen sollten Sie Progressive Muskelentspannung nicht anwenden. Hierzu gehören z.B. bestimmte Neuroseformen, bei denen ein Spannungsverlust vermieden werden soll, bei Herzinsuffizienzen bei akutem Muskelrheuma. Wir empfehlen Ihnen daher vor einer Anwendung die Rücksprache mit Ihrem Hausarzt.

Nutzung bzw. Implementierung: Entspannung lernt man am besten in Workshops, für die nachhaltige Implementierung sorgen am besten Gesundheitszirkel oder SmarterLife-Meetings.

Rückenscreening und Rückenschule

Unter dem Begriff Rückenscreening werden unterschiedliche Messungen angeboten. Es gibt beispielsweise Verfahren, um die statische Maximalkraft sowohl der Rücken- als auch der Bauchmuskulatur zu messen. Andere Verfahren bestimmen die Rückenhaltung sowie die Beweglichkeit jedes einzelnen Wirbelsegmentes.

Die Ergebnisse können für eine zielgerichtete Rückenschule genutzt werden, die folgende Aspekte umfasst:

- Wissensvermittlung zur Ergonomie
- Körperwahrnehmung
- Entspannung
- Haltungs- und Bewegungsschulung

Relevanz: Wie oben beschrieben, liegt der Anteil derer, die zumindest über gelegentliche Rückenbeschwerden klagen bei fast 70 Prozent.

Nutzung bzw. Implementierung: Konsultieren Sie am besten Experten für das Thema.

Realistische Planung

In jedem Zeitmanagementbuch steht es so oder ähnlich: Wenn Sie sich zu viel vornehmen, planen Sie den Frust gleich mit. Verplanen Sie daher nur etwa 60% Ihrer (Arbeits-)Zeit für Aufgaben, d.h. 5 Stunden eines 8-Stunden-Arbeitstages oder 3 Tage einer 5-Tage-Woche. Die restliche Zeit reservieren Sie als Puffer für Dinge, die noch kurzfristig zu erledigen sind. Diese Werte gelten als Daumenregel; wie viel Puffer Sie tatsächlich benötigen, hängt von Ihrem Arbeitsgebiet bzw. von Ihren Vorhaben ab.

Relevanz: Leider sind viele Projektplanungen viel zu ungenau oder zu optimistisch. Damit sind Stress und Unzufriedenheit vorprogrammiert.

Nutzung bzw. Implementierung: Überprüfen Sie am besten einmal, wie realistisch die Planungen in Ihrem Unternehmen sind und welche Konsequenzen dies hat (unzufriedene Kunden, erhöhter Abstimmungs- und Koordinationsbedarf usw.). Fordern Sie ggf. eine realistische Planung ein, die dann auch eingehalten wird.

Schlaf

Nachts gut und erholsam zu schlafen ist sehr wichtig, um tagsüber leistungsfähig zu sein. Das Schlafbedürfnis und die Schlafgewohnheiten können individuell sehr unterschiedlich sein. So schwankt die durchschnittliche Schlafdauer zwischen 7 und 9 Stunden. Ob wir eher Frühaufsteher sind oder eher zu den sprichwörtlichen „Nachteulen" zählen, hängt von den Lebensumständen, möglicherweise aber auch von genetischen Faktoren ab.

Ihr einziger Maßstab für die Güte Ihres Schlafes sollte letztlich sein, wie fit und wohl Sie sich tagsüber fühlen.

Viele Mythen über den Schlaf wie etwa die Behauptung, dass der Schlaf vor Mitternacht der gesündeste sei, haben sich als wenig haltbar erwiesen. Unbestritten ist aber die Bedeutung des Schlafes für die allgemeine Regeneration, die Stärkung des Immunsystems und für die Strukturierung von Gedächtnisinhalten.

Im Folgenden haben wir Tipps zusammengestellt, wie Sie für einen gesunden Schlaf sorgen können:

- Finden Sie Ihren eigenen Schlafrhythmus, der für Sie optimal ist. Testen Sie, wie viel Schlaf Sie benötigen. Lassen Sie sich dabei von niemandem hineinreden. Das einzige Kriterium, das zählt, ist Ihr Wohlbefinden und Ihr Leistungsvermögen tagsüber.
- Schlaf ist Gewohnheit: Stehen Sie nach Möglichkeit jeden Tag um die gleiche Zeit auf - auch am Wochenende.
- Gehen Sie nur schlafen, wenn Sie müde sind.
- Schlafen Sie in einem ruhigen, dunklen, gut gelüfteten Raum auf nicht zu weicher Unterlage. Schalten Sie mögliche Störquellen wie etwa Elektrosmog möglichst aus (elektrische Wecker, Handy, Stromleitungen insb. in Kopfnähe usw.). Gegen Straßenlärm oder laute Nachbarn hilft ein Ohrenschutz wie Watte oder Ohropax.
- Lassen Sie den Tag ruhig ausklingen. Kleine entspannende Rituale wie z. B. ein warmes Bad oder eine gute Tasse Tee können das Einschlafen zusätzlich fördern.
- Lenken Sie Ihre Gedanken vor dem Einschlafen auf angenehme Dinge oder auf Dinge, die Ihnen wichtig sind. „Programmieren“ Sie sich dadurch auf angenehme Träume.
- Sollten Sie einmal nachts nicht schlafen können, so stehen Sie auf und beschäftigen Sie sich (z.B. Lesen, Handarbeit, Schreiben, Musikhören usw.) bis Sie müde sind.
- Treiben Sie regelmäßig etwas Sport, Gymnastik oder bewegen Sie sich in der frischen Luft.
- Vermeiden Sie es, tagsüber zu schlafen, wenn dadurch Ihr Nachtschlaf gestört wird.
- Vermeiden Sie am Abend:
  - übermäßigen Genuss von Kaffee, Alkohol und Nikotin
  - schwere Mahlzeiten
  - anstrengende geistige oder körperliche Tätigkeiten
  - aufregende Fernsehfilme, Computerspiele

- Programmieren Sie sich selbst auf das rechtzeitige Aufwachen ohne Wecker. Sie vermeiden dadurch, dass Sie unsanft aus dem Schlaf gerissen werden. Nehmen Sie sich eine Uhrzeit vor, wann Sie aufwachen wollen. Mit etwas Übung funktioniert das mit einer Abweichung von wenigen Minuten. Wenn Sie anfangs befürchten zu verschlafen, können Sie sich zur Sicherheit einen Wecker stellen. Ziel sollte es aber sein, kurz vor dem Läuten aufzuwachen und aufzustehen.

Relevanz: Schlaf ist nicht nur für die allgemeine Regeneration und das Wohlbefinden wichtig. Das Thema Schlaf spielt auch in der Prävention gegen Burnout eine wichtige Rolle.

Nutzung bzw. Implementierung: Obwohl Schlaf eher ein privates Thema für zu Hause ist, können Sie z. B. überlegen, ob Sie Ruheräume zur Verfügung stellen, der Mitarbeitern z.B. ein Power-Napping ermöglicht.

Weitere Tipps finden Sie unter: www.smarterlife.de/d/schlaf

Selbstmanagement

Selbstmanagement betreibt jeder. So wie wir im täglichen Leben ständig mit anderen Menschen kommunizieren, so managen wir uns auch ständig selbst – die einen geschickt und elegant, die anderen weniger. Die Tatsache, dass wir in einer sehr komplexen und dynamischen Welt leben, erfordert es eigentlich, dass wir regelmäßig unser Selbstmanagement auf den Prüfstand stellen. Die Strategien und Verhaltensweisen, die vor einiger Zeit noch erfolgreich waren, sind es heute vielleicht schon nicht mehr.

Wesentlich Aspekte des Selbstmanagement sind:

Selbstreflexion und persönliche Entwicklung: Viele Menschen begnügen sich damit, über die Dinge zu klagen, die stören. Der Schlüssel für die Lösung der meisten Probleme liegt jedoch auch in der Änderung der eigenen Verhaltensweisen und Gewohnheiten.

Visionen und Ziele: Wenn Sie wissen, was Ihnen wichtig ist, was Ihnen etwas wert ist, können Sie Ihre Energie besser bündeln. Je klarer Sie Ihre Ziele formulieren können, desto einfacher wird es Ihnen fallen, Prioritäten zu setzen.

Effektivität: Eine nahezu optimale Effektivität zu erreichen, ist aus zweierlei Gründen wichtig: je effektiver Sie sind, desto eher sind Sie im Wirtschaftsleben konkurrenzfähig. Und je schneller Sie das „Pflichtprogramm" absolvieren, desto mehr Freiraum bleibt für Kreativität, Soziales, Sport und Regeneration.

Verantwortung: Die Frage, wofür man Verantwortung übernimmt und wofür nicht, ist eine sehr wesentliche. Dieser Punkt berührt die Selbstverantwortung, Verantwortung für das Unternehmen, bei dem man beschäftigt ist oder auch bei der Verantwortung für Umwelt und Gesellschaft. Es gilt wie so oft, das richtige Maß zu finden. Sowohl zu viel als auch zu wenig Verantwortungsgefühl ist ungünstig.

Balance: Die Balance – ob Work-Life-Balance, die Balance zwischen Beruf und Privatleben oder das Abwägen von kurzfristigem und längerfristigem Nutzen – ist ein sehr wichtiger Aspekt des Selbstmanagements. Oft geht es weniger darum, zu entscheiden, was richtig bzw. falsch oder wichtig bzw. unwichtig ist. Die wahre Kunst besteht darin, den vielen wichtigen und sinnvollen Dingen ein ausreichendes Gewicht zu geben.

Im Buch „SmarterLife – Zehn Säulen für ein erfolgreiches Leben" haben wir wesentliche Aspekte des Selbstmanagement ausführlich beleuchtet.

Relevanz: Das Thema Selbstmanagement wird in seiner Bedeutung stark unterschätzt. Viele Menschen setzen es sogar mit dem Zeitmanagement gleich – einem Teilaspekt des Selbstmanagement. Nach unserer Erfahrung können sich jedoch die meisten Menschen in den Aspekten Zielorientierung, Effektivität, Selbstverantwortung usw. deutlich steigern.

Nutzung bzw. Implementierung: Gut bewährt haben sich Workshops zum Jahreswechsel, bei denen nicht nur neue Ziele erarbeitet werden, sondern auch das Selbstmanagement kritisch reflektiert wird. Sehr hilfreich für die Optimierung des Selbstmanagements sind auch SmarterLife-Meetings.

Selbsttests

Es gibt eine ganze Reihe von Test zur Selbsteinschätzung. Diese sind teilweise kostenlos. Je besser evaluiert bzw. je aussagekräftiger die Tests sind, desto höher ist in der Regel der Preis.

Aktuelle Infos haben wir auf der Seite www.smarterlife.de/d/stresstests zusammengefasst.

SmarterLife-Meetings

Oder: Die Kunst, gesteckte Ziele konsequent zu verfolgen und zu erreichen.

Die Herausforderung: vom vagen Wunschdenken zur Zielorientierung

Erfolgreiche Menschen zeichnen sich insbesondere durch drei Eigenschaften aus: sie wissen, was sie wollen; sie arbeiten kontinuierlich an der Zielerreichung und sie reflektieren und verfeinern ihr Tun.

Leider sind die wenigsten Menschen in allen drei Disziplinen Naturtalente. Den einen mangelt es an einer klaren Vorstellung, was sie eigentlich anstreben. Die anderen starten anfangs voller Elan und geraten dann aber ins Stocken. Und wieder anderen mangelt es an Zeit oder Muße, um die Folgen (Erfolge und Misserfolge) hinreichend auszuwerten und Lehren daraus zu ziehen.

Hier hilft die Teilnahme an einer SmarterLife-Gruppe. Durch das kollegiale Coaching und den Erfahrungsaustausch bei den regelmäßigen Treffen unterstützen sich die Mitglieder gegenseitig dabei, ihre Ziele zu verwirklichen. Zusätzlich wird das Team durch einen erfahrenen Coach und Berater aus dem SmarterLife-Netzwerk begleitet.

Ablauf der SmarterLife-Meetings

Voraussetzung für die Teilnahme ist die Formulierung mindestens eines Ziels. Dieses kann beruflich oder privat sein und sollte im Laufe der nächsten 3 bis 6 Monate erreichbar sein. Die Teams bestehen in der Regel aus vier bis sechs Personen, die sich – begleitet vom Coach – regelmäßig treffen. Die Teilnehmer können aus verschiedenen Arbeitsfeldern und Firmen sein. Je nach den gegebenen Rahmenbedingungen trifft man sich persönlich oder organisiert Telefonkonferenzen. Damit die Treffen möglichst effektiv ablaufen, gibt es eine sich wiederholende Struktur, durch die der Coach und Berater straff durchführt:

Das Treffen beginnt mit 15 Minuten „offenem Netzwerken". Die Mitglieder begrüßen sich und tauschen sich über Privates und Berufliches aus. Anschließend erhält jedes Mitglied 3 Minuten für „Einstimmung & Fokus". Die Mitglieder berichten über ihre persönlichen Highlights der Woche und rufen sich selbst definierte Regeln in Erinnerung. Zu diesen können beispielsweise das Thema Sprachhygiene gehören oder der Umgang mit Fehlern und Misserfolgen.

In der nächsten Runde schildert jedes Mitglied in 2 Minuten „Rückblick“, welche Wochenziele erreicht wurden, welche nicht und ggf. was es zusätzlich geschafft hat. Auch gibt es eine Schätzung ab, wie viel Prozent des geplanten Pensums erledigt sind.

Schließlich geht es um das „Fokussieren“ für die nächste Woche. Hierfür hat jedes Mitglied 10 Minuten Zeit. Ausgangspunkt sind Fragen wie: Was steht insgesamt an? Welche neuen Entwicklungen gibt es? Wo und wie kann die Gruppe unterstützen? Die Antworten auf die Fragen münden schließlich in konkrete Aufgaben und Ziele, die bis zum kommenden Treffen erledigt bzw. erreicht sein sollen.

Optional kann der Coach noch 10 Minuten für einen aktuellen Input nutzen. Es bieten sich Themen an, die sich aus der Diskussion ergeben: Planungstools, Feedbackregeln, Tipps zur Änderung von Gewohnheiten und Verhaltensmustern, Selbstmotivation, Lebensbalance, Möglichkeiten und Grenzen der Intuition.

Zum Abschluss ist noch einmal 15 Minuten Zeit für „offenes Netzwerken“.

Rechnerisch dauert ein Meeting bei 4 Teilnehmern 100 Minuten (etwas mehr als eineinhalb Stunden) und bei 6 Teilnehmern 130 Minuten (also etwas mehr als 2 Stunden).

Nach dem Treffen fassen die Mitglieder ihre Planung für die folgende Woche noch einmal stichpunktartig zusammen und verschicken sie per Mail an die anderen Mitglieder.

Wichtige Merkmale von SmarterLife-Meetings

- jedes Mitglied arbeitet an der Realisierung mindestens eines Ziels (beruflich oder privat)
- kleinere, intensive Arbeitsgruppen (4 bis 6 Teilnehmer/innen)
- regelmäßige Treffen (in der Regel wöchentlich)
- Ort und Zeit sind durch die Gruppe frei wählbar
- es herrscht eine hohe Verbindlichkeit - die Gruppe ist immer möglichst vollständig
- Themen: Umsatz, neue Kunden, persönliche Entwicklung, Tools, Methoden und Verfahren
- professionelle Begleitung durch einen Coach und Berater

Stimmen von Mitgliedern und Erfahrungen

„Die erste Hürde ist häufig, genau zu erkennen, wo man eigentlich genau hin möchte. Wie sich das Ziel klar beschreiben lässt.“, berichtet Josef Maiwald, der die ersten SmarterLife-Meetings ins Leben gerufen hat. „Daher ist es sinnvoll, am Anfang in einem Workshop oder auch in einem persönlichen Coaching die Ziele genau zu definieren“.

Stefan Pallhorn (Innenarchitekt und Spezialist für 3D-Visualisierungen) schreibt in einem Erfahrungsbericht „In den wöchentlichen Terminen mache ich mir die eigenen Erfolge verstärkt bewusst“ und „Einen weiteren Vorteil sehe ich darin, wesentlich strukturierter durch die Woche zu gehen. Ich bin also wesentlich zielorientierter bei meinem TUN und lasse mich dadurch weniger ablenken als wenn ich die Dinge so angehe wie sie kommen.“ Den kompletten Erfahrungsbericht finden Sie unter smarterlife.de

Uwe Kadner, Experte für innovative Elektroinstallationen und fachübergreifende BAUbegLeitung meint: „Für mich war zielorientiertes und systematisches Arbeiten schon immer wichtig. Mir war klar, dass ich nur so Erfolg haben kann. Dass die Arbeit in unserer SmarterLife-Kleingruppe meine Zielfindung, Kreativität und Entscheidungen weiter beschleunigt und somit auch die Dynamik und Disziplin in meinem Tun verbessert, hat mich angenehm überrascht."

Relevanz: SmarterLife-Meetings liegen methodisch zwischen Workshops mit Erfahrungsaustausch und einem Einzelcoaching. Die Methoden können jedoch auch gut kombiniert werden. Der Nutzen und die Lerneffekte sind so unterschiedlich wie die Teilnehmer und ihre individuellen Ziele. In jedem Fall erreichen die Meetings jedoch eine stärkere Fokussierung und ein bewussteres Handeln.

Nutzung bzw. Implementierung: Die Meetings sollten von einem erfahrenen Moderator und Coach initiiert und begleitet werden.

Weitere Infos zur Teilnahme: Neben München und dem telefonischen Meeting sind aktuell weitere Gruppen an anderen Orten geplant. Wenn Sie sich für die Teilnahme an einer SmarterLife-Gruppe interessieren, nehmen Sie bitte Kontakt auf: www.smarterlife.de

Systemisches Konsensieren

Viele „Diskussionen" auf der Suche nach gemeinsamen Lösungen machen dem ursprünglichen Wortsinn alle Ehre. Das Lateinische „discutio" bedeutet schließlich 1. zertrümmern, zerschlagen, vertreiben, erschüttern, 2. abschütteln, 3. (gerichtlich) prüfen, untersuchen, verhören. Und genauso ist es bei vielen Diskussionen - privat, beruflich und politisch. Mit der Absicht, die eigene Position zu stärken, entfernen sich die Parteien argumentativ immer mehr voneinander. Je länger der (Entscheidungs-)Prozess dauert, desto mehr sind die Beteiligten von Ihrer Position überzeugt und die Kluft zwischen den Lagern wird immer größer. Als kultivierte Demokraten schaffen Sie es vielleicht, in Gruppen noch rechtzeitig eine Abstimmung nach dem Mehrheitsprinzip durchzuführen. Im Endeffekt gibt es aber Gewinner und Verlierer. Letztere müssen sich - zumindest vorübergehend - der Mehrheit beugen.

Beim Systemischen Konsensieren entsteht „systembedingt" eine andere Dynamik. Sie führt zum größtmöglichen Konsens (lat. consentire = übereinstimmen). Dies geschieht dadurch, dass alle Beteiligten über alle Alternativen abstimmen. Hierbei vergeben sie in der Grundvariante der Methode Widerstandswerte von 0 bis 10. Die Zahl 0 bedeutet „ich bin dafür", die Zahl 10 „ ich bin dagegen". Die Zwischenwerte werden nach Gefühl gewählt. Wird der Entscheidungsprozess gut moderiert, setzen sich alle Teilnehmer mit dem Für und Wider der einzelnen Alternativen auseinander. In vielen Fällen ergibt sich dadurch schon eine Annäherung. Das Entscheidungsergebnis liefert nicht nur eine Entscheidung. Es wird auch transparent, um wieviel besser die favorisierte Alternative gegenüber den anderen ist. Ebenso kann man sehen, wie hoch der Anteil derer ist, die sich mit 9 oder 10 Punkten vehement gegen die Entscheidung aussprechen. Je nach Situation ist es dann sinnvoll, die Gründe für die Ablehnung noch einmal zu hinterfragen und gemeinsam zu erörtern, wie die Bedenken ausgeräumt werden können.

Die Methode ist in den Grundvarianten einfach anzuwenden. Tatsächlich gibt es sogar schon Beispiele, in denen sie in einer vereinfachten Form schon im Kindergarten erfolgreich angewandt wurde. Die Methode ist jedoch auch und gerade für komplexe und konfliktträchtige Entscheidungssituationen bis hin zu politischen Entscheidungsfindungsprozessen geeignet.

Relevanz: Mit Hilfe der Methode können Sie Entscheidungsprozesse beschleunigen, mögliche Konfliktpotenziale erkennen und beheben. Die gefundenen Lösungen sind meist innovativer und qualitativ besser.

Nutzung bzw. Implementierung: Sie lernen die Methode am besten in Workshops, die u.a. das Institut für Systemisches Konsensieren und SmarterLife anbieten.

Mehr Informationen zu Methode finden Sie unter www.smarterlife.de und im Buch „Wie wir klüger entscheiden" von Schrotta.

Tagesrahmenplan

In einem Rahmenplan legen Sie fest, was Sie an einem „normalen" (Arbeits-) Tag wann erledigen. Der Plan enthält die Reihenfolge und/oder auch feste Zeiten.

Rahmenpläne sind sehr hilfreich, um übliche Abläufe und Gewohnheiten zu überdenken und neue zu etablieren.

Übung: Persönlicher Tagesrahmenplan

Erstellen Sie einen Rahmenplan, wie ein normaler Arbeitstag ablaufen sollte.

....

....

....

TeleCoaching

Coaching (siehe oben) muss nicht unbedingt bedeuten, dass Sie mit ihrem Coach zusammensitzen und „unter vier Augen" sprechen. Ich (Josef Maiwald) habe auch einige Klienten, die ich telefonisch coache, obwohl oder gerade weil ich sie noch nie persönlich getroffen habe. Der Kontakt erfolgt ausschließlich über Telefon und E-Mail. Dadurch fallen Anfahrtszeiten weg. Qualitative Einbußen gibt es dadurch nicht. Das TeleCoaching hat sogar den Vorteil, dass ganz andere Coachingformate möglich sind wie z.B. kurze, kurzfristig vereinbarte Telefonate.

Relevanz: Die Zeit wird für viele Berufstätige immer knapper. Umso wichtiger ist es, bei wichtigen Themen zielgerichtet und effektiv voranzukommen.

Nutzung bzw. Implementierung: Klären Sie am besten mit einem (Tele-)Coach Ihre Ziele und das Vorgehen individuell ab.

Überforderung vermeiden

Von Überforderung spricht man, wenn die Gesamtheit von Anforderungen mit den vorhandenen Ressourcen und Fähigkeiten nicht bewältigt werden kann. Die Überforderung kann objektiv gegeben sein oder subjektiv empfunden werden.

In der Psychologie spricht man von psychischer, sozialer, emotionaler, kognitiver bzw. intellektueller Überforderung, teilweise auch von seelischer oder nervlicher Überforderung. Die Überforderung kann auftreten im Beruf, in der Familie oder gegebenenfalls auch mehrfach.

Zitat:

Der ist ein Narr, der sich nimmt an,
was er nicht vollbringen kann.

Autor unbekannt

Kurzzeitige Überforderungen können beispielsweise entstehen durch:

- Reizüberflutung
- Technische Probleme
- zu hohe Geschwindigkeit
- zu hohe Komplexität einer Situation
- überhöhte Ansprüche von anderen oder von einem selbst (z.B. Perfektionismus)

Mögliche Auswirkungen sind:

- mangelnde Aufmerksamkeit und damit erhöhte Unfallgefahr
- Versagensangst
- Gefühl der Hilflosigkeit oder Ohnmacht
- Verringerte Belastbarkeit und damit höhere Tendenz zur Überforderung
- Verringerte Lernfähigkeit
- bei dauerhafter Überforderung Burnout

Sie sollten die Quellen der Überforderung analysieren und entsprechende Gegenmaßnahmen einleiten.

Übung: Persönlicher Aktionsplan gegen Überforderung

Durch welche Faktoren fühle ich mich häufiger überfordert?

Welche Maßnahmen ergreife ich sofort?

Welche Maßnahmen plane ich für einen späteren Zeitpunkt (z.B. für den nächsten Urlaub)?

....

....

....

Übersäuerung entgegenwirken

Die Übersäuerung des Körpers ist eine Folge des Stresses. Ebenso gilt die Übersäuerung als Grund für eine geringe Stress-Resistenz. Dadurch entsteht leicht ein Teufelskreis.

Ursachen der Übersäuerung

Mangelnde Bewegung insbesondere an der "frischen Luft" führt zu einer verminderten Durchblutung und Sauerstoff-versorgung im Gewebe, wohingegen zu viel Bewegung (z.B. Leistungssport) ebenfalls zu lokaler Übersäuerung durch das Laktat (Milchsäure) führt. Es kommt also wie immer im Leben auf das rechte Maß an.

Weitere Ursachen sind: Stress, akute und chronische Krankheiten, die zusätzlich das System negativ beeinträchtigen und natürlich die Ernährung. Säurebildende Nahrungsmitteln sind Fleisch, Wurst, Käse, Eier, Zucker, Kaffee oder Alkohol. „Negativer“ Stress führt zu bestimmten Hormonausschüttungen und Regulationen im Körper, die als Folge davon auch den Säure-Basen-Haushalt beeinflussen.

Folgen der Übersäuerung

Müdigkeit, Antriebslosigkeit, Stressanfälligkeit und Leistungsabfall sind oft die ersten Anzeichen einer Übersäuerung. Studien gehen davon aus, dass circa achtzig Prozent der erwachsenen Menschen in den Industrienationen mehr oder minder stark übersäuert sind.

Der pH-Wert des Blutes muss in einem engen Bereich, leicht basischen Bereich zwischen 7,35 und 7,45 gehalten werden. Bei niedrigerem pH-Wert könnten die roten Blutkörperchen den Sauerstoff nicht anlagern, bei leicht erhöhtem wäre die Sauerstoffabgabe an die Zellen erschwert. Um diese Aufgabe in einem übersäuerten Körper zu lösen, bleibt oft nichts anders übrig, als Mineralien aus dem Knochen zu lösen. So kann eine säurebildende Ernährung und Lebensweise das Osteoporose-Risiko deutlich erhöhen.

Die Haut reagiert auf Übersäuerung des Organismus mit saurer Schweißproduktion. Dies führt, zusammen mit der ebenfalls vermehrten Aminosäurenausscheidung im Schweiß zu Hautreizungen, Haut-pH-Veränderungen, toxischen Reaktionen der Haut. Ekzeme, allergische Hautreaktionen und Hautempfindlichkeiten sind oft Folgen der Übersäuerung.

Das Bindegewebe gilt im Stoffwechsel als Ver- und Entsorger. So dient es als Säurepuffer. Überschüssige Säuren werden im Bindegewebe abgelagert. Das verhärtete Gewebe wird vor allem bei Frauen als Cellulite sichtbar.

Darüber hinaus werden der Übersäuerung zugeschrieben: Schwächung des Immunsystems, Diabetes, Rheuma, Gicht, Arthritis, Allergien, Krebs.

Diagnose

Eine leicht durchzuführende Methode zur Diagnose bietet hier der Urintest. Dabei wird über einen Zeitraum von mindestens einer Woche der pH-Wert des Urins mehrmals täglich mit speziellen Indikatorstreifen gemessen. Mit Ausnahme des Morgenurins, der auch im Normalfall sauer reagiert, sollten die später gemessenen Werte im neutralen und basischen Bereich liegen. Liegen dagegen auch die im Tagesverlauf gemessenen Werte im sauren Bereich, spricht alles für eine Übersäuerung.

Abhilfe

Die wichtigste Maßnahme ist eine Umstellung der Ernährung. Dies bedeutet Vermeidung von säurebildenden Lebensmitten (Zucker und Süßigkeiten, Weißmehlprodukte, Fleisch, Fisch,

Kuhmilchprodukte, gehärtete Fette, Tiefkühlgerichte und Konserven) und ein Vorzug für basische Lebensmittel (Gemüse, Obst, Kartoffeln, Kräuter und Sojaprodukten.).

Regelmäßige und maßvolle körperliche Bewegung bildet den Grundstein für eine gesunde Verdauung. Diese wiederum bietet den besten Schutz vor Übersäuerung, hilft aber auch einem bereits übersäuerten Organismus zurück zum richtigen Gleichgewicht. Denn nur ein gesunder Verdauungstrakt garantiert die vollständige Ausscheidung überschüssiger Säuren. Diese kann weitergehend durch eine Darmreinigung unterstützt werden. Säuren verlassen aber nicht nur über die Ausscheidungsorgane den Körper, sondern werden auch über die Haut ausgeschwitzt. Dieses Organ kann man gut durch basische Hautpflege in Form von Duschen, Bädern und Masken unterstützen und zugleich vor weiterer Säurebelastung schützen. Mit einer Kombination aus basenreicher Ernährung, ausreichender Bewegung und der passenden Hautpflege stellt sich schließlich auch die gesunde Säure-Basen-Balance wieder ein, und das innere und äußere Wohlbefinden kehrt zurück.

Natürlich ist für den Stoffwechsel auch wichtig, dass Sie genügend trinken. Empfohlen werden mindestens 1,5 Liter stilles Wasser oder Leitungswasser pro Tag.

Übung: Persönlicher Aktionsplan gegen Übersäuerung

Welche Maßnahmen ergreife ich sofort?

Welche Maßnahmen plane ich für einen späteren Zeitpunkt (z.B. für den nächsten Urlaub)?

....

....

....

Yoga

Yoga ist im Westen schon seit hundert Jahren bekannt. Viele verbinden Yoga-Übungen mit Verrenkungen, bei denen es in erster Linie auf die Gelenkigkeit ankommt. Yoga ist aber eine ganzheitliche Lebensphilosophie und Lebensschule die Körperübungen zur Stärkung des Kreislaufes, Atemübungen, Tiefenentspannungstechniken, Meditationstechniken, Ratschläge für gesunde Lebensführung, Regulation des Energiehaushalts, Ernährung und vieles mehr lehrt. Ziel von Yoga ist es letztendlich, Körper, Geist und Seele in Einklang zu bringen.

Es würde den Rahmen dieses Buches sprengen, hier näher darauf einzugehen. Weitere Informationen haben wir Ihnen unter www.smarterlife.de/d/links zusammengestellt.

Relevanz: Wie oben beschrieben ist Yoga ein ganzheitlicher Ansatz. Der mögliche Nutzen ist daher vielfältig.

Nutzung bzw. Implementierung: Yoga lernen Sie am besten in einschlägigen Kursen.

Ziel, Planung, Aktion, Kontrolle: Das ZiPlAkKo-Prinzip

Eine sehr gute Hilfe, Ziele konsequent zu verfolgen und schließlich auch zu erreichen, ist das ZiPlAkKo-Prinzip:

Zi (Ziele): Definieren Sie Ihre Ziele und formulieren Sie diese schriftlich.

Pl (Planen): Planen Sie gegebenenfalls kleine, überschaubare Zwischenetappen. Dadurch erzielen Sie Zwischenerfolge, die Sie für den weiteren Weg beflügeln.

Ak (Aktion): Arbeiten Sie an der Realisierung wichtiger Ziele regelmäßig und in möglichst kurzen Abständen.

Ko (Kontrolle): Kontrollieren Sie den Erfolg und arbeiten Sie so lange an Ihrem Problemlösungsansatz, bis das Ziel erreicht ist. Nehmen Sie sich am besten regelmäßig Zeit zur Reflexion. Achtung, bei Misserfolg Strategiewechsel (siehe Tipps):

Praxisanwendung: Veränderung mit Hilfe des ZiPlAkKo-Prinzips

Zieldefinition: Entscheiden Sie klar, was Sie erreichen wollen, was sich in Ihrem Leben ändern soll. Hinterfragen Sie bei hartnäckigen Angewohnheiten gründlich, was für und was gegen eine Änderung spricht. Beantworten Sie am besten schriftlich:

1) Was möchte ich erreichen / ändern?
2) Warum habe ich nicht eher gehandelt?
   Welche negativen Empfindungen sind mit der Aktion verbunden?
3) Welche Vorteile hat mein bisheriges Verhalten?
   Welche positiven Erfahrungen habe ich damit - zumindest kurzfristig - gemacht?
   Gibt es durch die Änderung einen Verlust, den ich anderweitig ausgleichen kann?
4) Mit welchen negativen Konsequenzen rechne ich, wenn ich nicht jetzt handle?
5) Welche Vorteile bringt die Änderung mit sich?
   (Das Überlegen der Vorteile sollte Sie emotional auf Trab bringen und Sie mit echter Vorfreude und Spannung erfüllen.)

....

....

....

Planen Sie die Umsetzung, indem Sie sich bewusst machen, welche Methoden und Strategien (vermutlich) wirksam bzw. unwirksam sind.

1) Wer oder was kann mich bei der Umsetzung behindern? Mit welchen Widerständen rechne ich?
2) Wer oder was kann mich bei der Umsetzung unterstützen (Freunde, Kollegen, Coaches)?

....

....

Aktion: Leiten Sie entsprechende Maßnahmen ein.

Kontrolle: Kontrollieren Sie den Erfolg und arbeiten Sie so lange an Ihrem Problemlösungsansatz, bis das Ziel erreicht ist.

....

....

Weitere Tipps und Hinweise

- Nehmen Sie sich regelmäßig Zeit für Reflexion und Nachkontrolle. Nutzen Sie die Erfahrungen für die Verbesserung der Abläufe und Ihrer persönlichen Fähigkeiten und Fertigkeiten.
- Gehen Sie Ihren eigenen Weg: Selbstmanagement ist ein Thema, das Sie sehr individuell angehen und lösen können. Prüfen Sie genau, welche Methoden und Verhaltensweisen für Sie persönlich und zu Ihrer Arbeits- bzw. Lebenssituation passen.
- Bei Misserfolg Strategiewechsel: Wenn die Umsetzung einer Strategie nicht den gewünschten Erfolg hat, liegt dies häufig nicht am Willen und an der Energie, die man eingesetzt hat. Eine größere Menge von der gleichen, untauglichen Medizin hilft selten weiter. Überdenken Sie lieber Ihre Methoden und Strategien.
- Revolution oder Evolution: Sie können z.B. mit dem Rauchen radikal von einem Tag auf den anderen aufhören, oder sich nach und nach entwöhnen, indem Sie die Situationen immer mehr reduzieren, in denen Sie rauchen. Hat das Rauchen für Sie eine entspannende Wirkung, können Sie diesen Vorteil durch eine kurze Entspannungsübung erzielen.

Zitat:

Es kommt nicht darauf an, dass wir heute ans Ziel kommen. Es kommt darauf an, dass wir uns auf den Weg machen.

Autor unbekannt

Fragebögen und Checklisten

Checkliste Belastungen und Ausgleichs- bzw. Präventionsmaßnahmen

Belastung	Ausgleichs- bzw. Präventionsmaßnahmen
Arbeitshaltung – Arbeitshaltung relativ statisch, immer wieder gebeugt	+ Aktivpausen + sportlicher Ausgleich
– Lärm	+ individueller Gehörschutz
–	+

Ergänzen Sie, Aspekte, die bei Ihnen häufig zu Belastungen führen und welche Ausgleichs- bzw. Präventionsmaßnahmen Sie ergreifen können:

Checkliste: Stress- und Burnout-Prävention

- Unternehmenskultur
  - Förderung eines guten Betriebsklimas
  - Transparenz des Betriebsgeschehens
  - gemeinsame Werte
  - gegenseitige Wertschätzung
  - Einbeziehung von weichen Faktoren in Entscheidungen zu Fusionen und Umstrukturierungen
- Führungsstil
- Qualifikation der Mitarbeiter
  - richtige Auswahl und Positionierung (Übereinstimmung von Anforderung und Eignung bzw. Neigung)
  - Schulung in den direkt arbeitsplatzbezogenen Themen
- Arbeitsbedingungen
  - Ergonomie
  - Planung von Zeiten, in denen ungestörtes Arbeiten möglich ist
  - Planung von Pausenzeiten
  - sinnvolle Begrenzung der täglichen Arbeitszeiten (vgl. auch Arbeitszeitgesetz)
- Weiterbildung in wichtigen Softskill-Themen
  - Selbstmanagement
  - Coping-Strategien
  - Entspannung
  - Kommunikation und Konfliktmanagement
- private Aspekte und familiäres Umfeld
  - Wegezeiten bei Pendlern
  - familiäre Belastung (z. B. Beziehungsprobleme, Pflege von Familienangehörigen)
  - Freizeitgestaltung mit Freiräumen für Ausgleich und Regeneration
  - Schlaf

Weiterführende Infos und Links u.a. zu Tests zur Selbsteinschätzung finden Sie unter
www.smarterlife.de/d/gesundheitsmanagement

Fragebogen: Persönliches Gesundheitsmanagement

Datum, ______________________________

Allgemeines Befinden

Notieren Sie zunächst einmal das, was Ihnen auf Anhieb einfällt. Typische Beispiele sind "Abends bin ich sehr schlapp und nur noch zur TV-Berieselung fähig.", "Ich habe eine schlechte Kondition. Wenn ich 2 Stockwerke Treppen steige, bin ich völlig außer Atem.", "Ich habe öfters Kopfschmerzen.", "Ich kann am Abend häufig nicht einschlafen." oder "Häufig bin ich so unzufrieden, dass ich mir einfach etwas Schönes kaufen muss. Manchmal gerate ich richtiggehend in einen Kaufrausch."

Eigene Notizen:

....

....

....

Körperliche Auffälligkeiten

Unterstreichen Sie einfach, was für Sie zutrifft und/oder ergänzen Sie Aspekte, die wir nicht aufgeführt haben.

Haut: trocken, fett, Pickel, Probleme mit Pilzen, Ausschläge, schlechte Wundheilung, Körpergeruch (Schweiß)

Haare: fett, trocken, spröde, übermäßiger Haarausfall

Mund und Atem: unangenehmer Geschmack im Mund, Mundgeruch, Zahnbelag

Verdauung und Stoffwechsel: häufig Sodbrennen, Magenschmerzen, Blähungen, Verstopfung, Durchfall

Weitere Anmerkungen:

....

....

....

Objektive Zahlen

Je nachdem, welche Hilfsmittel Sie zur Verfügung haben, können Sie auch einige objektive Zahlen notieren:

Körpergewicht, ______________________________

Puls in Ruhe / Puls nach 20 Kniebeugen: ______________________________

Blutdruck: ______________________________

Häufigkeit des Stuhlgangs pro Tag ______________________________

Säure-Basen-Regulation (pH-Wert) des Urins morgens / am frühen Abend

____

Fettmessung (Körperfettanteil) oder kalorimetrische Messung: ______________

Ergebnisse aus einer professionellen Untersuchung wie etwa dem Redox-Verfahren, einer Blutuntersuchung, die Aufschluss gibt über den Säure-Basen-Haushalt, über das Immunsystem und vieles mehr. Oder auch Ergebnisse aus einer biometrischen Messung des Meridiansystems.

Diese Maßnahmen leite ich ein:

....

....

....

Es empfiehlt sich, diesen Erhebungsbogen regelmäßig - z. B. einmal jährlich – auszufüllen, um den aktuellen Gesundheitszustand zu dokumentieren. Es ist auch sinnvoll, ihn zur Kontrolle nach bestimmten Maßnahmen (Entgiftungskur, therapeutische Behandlungen usw.) zu verwenden. Diese Notizen können übrigens zu einem späteren Zeitpunkt einmal wichtig sein, wenn therapeutische Hilfe beansprucht wird. Zu einer guten Anamnese gehören oft Fragen zu Aspekten, an die man sich nach Wochen oder gar Monaten beim besten Willen nicht mehr erinnern kann.

Diesen Bogen können Sie natürlich unter smarterlife.de d/gesundheitsmanagement herunterladen.

PerLen – Sammlung meiner „Persönlichen Lebensregeln“

Eine Beschreibung zu PerLen finden Sie auf S. 11f. Sammeln Sie hier während der Buchlektüre Tipps und Anregungen, die Sie als hilfreich und wertvoll für sich einschätzen. Ein Arbeitsplatt zum Download finden Sie unter smarterlife.de/d/transfer.

Beispiel: *Ich plane regelmäßig und rechtzeitig Pausen ein, um mich zu regenerieren (siehe S. 58).* ....

....

....

....

....

....

....

....

....

....

....

....

....

....

....

....

....

....

....

....

Anhang

Lexikon

Hier erläutern wir kurz, was sich hinter bestimmten Fachbegriffen verbirgt, die wir im Rahmen dieses Buches verwenden.

Arbeitsprozesse: siehe Prozesse

BGM (Betriebliches Gesundheitsmanagement): systematische Förderung der Mitarbeitergesundheit in den Bereichen Fitness, Wohlbefinden, Prävention, Arbeitssicherheit, Wiedereingliederung

BMI (Body-Mass-Index): Gelegentlich findet man auch den deutschen Begriff Körper-Masse-Index. Der BMI errechnet sich nach der Formel BMI = Körpergewicht : (Körpergröße in m)^2 und kann als grober Anhaltwert zur Einschätzung des Gewichts herangezogen werden. Laut der Adipositas-Klassifikation der WHO sind Personen mit einem Wert zwischen 18,5 kg/m^2 und 24,99 kg/m^2 normalgewichtig, ab 25 kg/m^2 leicht übergewichtig und ab einer Körpermassenzahl von 30 kg/m^2 behandlungsbedürftig übergewichtig.

Boreout (engl.: to bore s.o. = jemanden langweilen): Das Phänomen des Boreouts ist das Gegenstück zum Burnout. Es besteht aus drei Teilen: Unterforderung, Langeweile und Desinteresse. Die Betroffenen täuschen der Umwelt oft Geschäftigkeit vor, verwenden ihre Zeit aber für private Dinge, Computerspiele etc.

Ein **Burnout-Syndrom** (engl. to burn out: „ausbrennen“) ist ein Zustand ausgesprochener emotionaler Erschöpfung mit reduzierter Leistungsfähigkeit, der als Endzustand einer Entwicklungslinie bezeichnet werden kann, die mit idealistischer Begeisterung beginnt und über frustrierende Erlebnisse zu Desillusionierung und Apathie, psychosomatischen Erkrankungen und Depression oder Aggressivität und einer erhöhten Suchtgefährdung führt.

In der „Internationalen Klassifikation der Erkrankungen“ wird Burnout als „Ausgebranntsein“ und „Zustand der totalen Erschöpfung“ mit dem Diagnoseschlüssel Z73.0 erfasst. Der Abschnitt Z enthält „Faktoren, die den Gesundheitszustand beeinflussen und zur Inanspruchnahme des Gesundheitswesens führen“; Burnout ist also nach dieser Klassifikation ein Einflussfaktor, aber kein Syndrom und keine eigenständige Krankheit.

Coping (engl.: Bewältigung): Coping umfasst Maßnahmen, um uns mit Belastungen auseinanderzusetzen. Hierbei handelt es sich ausschließlich um das Bemühen, einer Person, mit den Situationsanforderungen umzugehen, nicht um die erfolgreich angewendete Bewältigungsstrategie!

Employer Branding (dt. Arbeitgebermarkenbildung). Gezielte Maßnahmen zur Förderung der Arbeitgebermarkenbildung. Hauptziele sind die Effizienz der Personalrekrutierung und die Qualität der Bewerber zu steigern. Darüber hinaus sollen qualifizierte und engagierte Mitarbeiter durch eine höhere Identifikation und durch den Aufbau einer emotionalen Bindung langfristig an das Unternehmen gebunden werden. Zahlreiche Studien belegen signifikante Korrelationen zwischen strategisch fundierten Arbeitgebermarken und erhöhter Identifikation, Commitment, Leistungsbereitschaft bis hin zur Senkung von Krankenstand und Bürodiebstahl. In Deutschland bleibt dieses Potenzial lt. Wikipedia aber noch weitgehend ungenutzt.

Krisen sind problematische, oft mit einer Zuspitzung verknüpfte Entscheidungssituationen. Nicht selten sind sie mit einem Dilemma verbunden – egal, wie man sich entscheidet, es gibt immer gravierende Nachteile. Folgende Typen lassen sich unterscheiden:

Überlebenskrise: Es geht um die Existenz des Unternehmens. Liquiditätsprobleme, der Wegfall von wichtigen Kunden und Lieferanten usw. kann in die Insolvenz führen.

Steuerungskrisen können durch falsche, späte oder ausbleibende Managemententscheidungen ausgelöst werden. Vorbeugende bzw. Gegenmaßnahmen sind Instrumente der Reorganisation, Wissensmanagement und Personalentwicklung.

Veränderungskrisen entstehen, wenn wichtige Veränderungen wie z.B. Strukturänderungen oder der Einsatz von IT-Anwendungen nicht akzeptiert und daher auch nicht gelebt werden.

Ereignisinduzierte Krisen: Gravierende Ereignisse wie etwa ein Skandal oder ein gravierender Unfall können Krisen verursachen.

Meridiane: Die 14 Energieleitbahnen werden von der TCM (Traditionellen Chinesischen Medizin) als Gedankenmodell verwendet. Definierte Akupunktur-Punkte erlauben es, den Energiefluss gezielt anzuregen. Möglicherweise existieren diese Energiebahnen nach wissenschaftlichen Maßstäben nicht. Es gibt aber Versuche, die Existenz objektiv nachzuweisen. Zumindest die Autoren, die die Experimente durchführen und beschreiben, sind davon überzeugt, die Meridiane – z. B. über die Injektion von radioaktiven Substanzen, Infrarot-Thermographie oder die Messung der elektrischen Leitfähigkeit – sichtbar machen zu können.

Mind-Body-Medizin (MBM): Dieses medizinische Konzept basiert auf Arbeiten von Prof. Dr. Herbert Benson (Mind/Body Medical Institute, Harvard Medical School, Boston) und Prof. Dr. Jon Kabat-Zinn (Stress Reduction Clinic, Massachusetts Medical School, Worcester). Es integriert wissenschaftliche Erkenntnisse der Medizin, Neurobiologie und Verhaltenspsychologie. Ausgehend von einem untrennbaren Zusammenhang zwischen Geist, Seele und Körper zielt es darauf ab, die in jedem Menschen von Natur aus vorhandenen, gesundheitsfördernden Potenziale zu wecken und zu stärken.

pro-aktiv (wörtlich: pro lat. = vor, für; activus lat. = tätig) oder vorausschauend aktiv: Wenn Sie mit Zahnschmerzen zum Zahnarzt gehen, ist das re-aktiv. Sie reagieren auf eine aktuelle Situation. Mehr Gestaltungsspielraum haben Sie, wenn Sie pro-aktiv vorgehen. Durch eine rechtzeitige Prophylaxe erkennen Sie mögliche Schwachstellen schon in einem frühen Stadium. Gemeinsam mit dem Zahnarzt können Sie dann überlegen, wie Sie diese beheben.

Prozesse: ein aus der Betriebswirtschaft entlehnter Begriff; hier werden Einzelvorgänge so zu einem „Arbeitsprozess" verknüpft, dass ein gewünschtes Ergebnis erzielt wird; derartige Prozesse laufen aber nicht nur in der Produktion ab, sondern lassen sich generell für komplexere Vorgänge im Beruf und im Privatleben definieren.

Ressourcen (franz. Mittel, Quelle): Gesamtheit Ihrer persönlichen Quellen, aus denen Sie schöpfen können, um Ihre Ziele zu erreichen. Der Begriff bezieht sich auf Materielles und Immaterielles: finanzielle Mittel, Boden, Rohstoffe, Energie, persönliche Stärken, Fähigkeiten, Talente, Bildung, Image, Beziehungen, Teamkollegen, usw.

SLP: siehe Smarter-Life-Program

Smart: schlau, gewandt, pfiffig. Wir verwenden mit „smarter“ die Steigerungsform, da wir von zwei Annahmen ausgehen: 1. Bisher sind Sie auch schon „smart“ und mit Erfolg durchs Leben gegangen. 2. Aber auch bei Ihnen sind – wie bei fast jedem Menschen - noch deutliche Steigerungen möglich.

Smarter-Life-Program (SLP): Das SLP ist Ihr persönliches Erfolgsprogramm. Sie erkennen, was es für Sie bedeutet, ein erfolgreiches und erfülltes Leben zu führen. Ähnlich wie Sie mit Ihren individuellen Mitteln und Vorlieben Ihr ganz persönliches Eigenheim bauen würden, können Sie Ihr eigener Baumeister für Ihr Leben werden. Sie nehmen Ihr Leben in die Hand und gestalten es bewusst.

Das SLP beinhaltet also Begriffe wie Selbstmanagement, Lebensunternehmer, persönliches Gesundheitsmanagement, Persönlichkeitsentwicklung, „Human Branding“, Karriereplanung, Work-Life-Balance usw. Dabei umfasst es das private, berufliche und gesellschaftliche Leben. Es ist also ein ganzheitlicher Ansatz, der Ihnen neue Gedankenimpulse geben will. Mit Methoden, Strategien und Tools bekommen Sie außerdem das nötige Werkzeug in die Hand, um die Gestaltungsarbeit aktiv anzugehen.

Stressor: Stress auslösender Faktor

systemisch: Systemische Ansätze zeichnen sich dadurch aus, dass man sich nicht nur auf Personen (z. B. auf einen Patienten, Problemträger, Täter) konzentriert, sondern ein ganzes System (z. B. die Familie, eine Gruppe, eine Organisation, die Gesellschaft) mit seinen Interaktionen und Wechselwirkungen betrachtet.

Quellen und Literatur

Berndt, Christina: Chinesische Medizin, SZ-Magazin, 09.2008

Eichinger, Uschi und Kyra Hoffmann-Nachum: Der Burnout-Irrtum - Ausgebrannt durch Vitalstoffmangel. Systemed, 2012[2]

Goette, Sabine: Die Heilkraft des inneren Arztes, ein Film von telekult, Erstausstrahlung 22.11.2011, 20:16 Uhr Arte TV

Halder, Frank: Beitrag der Unternehmenskultur zum Unternehmenserfolg - Die direkten und indirekten Auswirkungen der Unternehmenskultur sowie ihre Modelle und Analysemethoden, Bachelor-Arbeit an der SRH Hochschule Heidelberg, 2010

Köppel, Christine: EBT® Methode, EBT SMC® Ausbildungsberuf, 2007

Leidig, Stefan u.a. (Hrsg.): Stress im Erwerbsleben – Perspektiven eines integrativen Gesundheitsmangements, Lengerich: Pabst Science Publishers, 2006

Maiwald, Josef und Köppel, Christine: SmarterLife: Gesundheit! Für Ihre Mitarbeiter und Ihr Unternehmen, Holzkirchen: A-BiS GmbH, 2012

Maiwald, Josef und Liebhard, Ute: Smarter Life – Zehn Säulen für ein erfolgreiches Leben, Pabst Science Publishing: Lengerich 2010

Maiwald, Josef u.a.: Selbstorganisation – Be Your Own Manager, A-BiS: Holzkirchen, 1998-2012
Internet- und intranetfähiges Lernprogramm

Maiwald, Josef und Schick, Axel: Hören, reden überzeugen. Die Kunst der erfolgreichen Kommunikation, München: Markt+Technik, 2001

Meißner, Romy: Effekte eines 12-wöchigen Ausdauertrainings auf die körperliche Leistungsfähigkeit und den psychischen Zustand von Patienten mit isolierter systolischer Hypertonie, Dissertation, Berlin, 2011

Mollenkopf, Claus et. al. (u.a. Köppel, Christine). Bericht der Facharbeitsgruppe des Bayerischen Staatsministeriums für Arbeit und Sozialordnung, Familie und Frauen und Selbstaudit Arbeitskreis, 2005

Nagel, Gerd: Patientenkompetenz, Self-Empowerment und Komplementärmedizin - Erfahrungsbericht aus der Beratungspraxis, 2008

Poullain, Harald: Die Auswirkungen des demographischen Wandels auf die gesetzliche Krankenversicherung, Hamburg: Diplomica, 2011

Öchsner, Thomas: Vernachlässigte Psyche – Die Bundesregierung räumt große Probleme beim Arbeitsschutz ein, Süddeutschen Zeitung, 24.07.2012, Wirtschaft S. 17

Schneider, Beate und Schubert, Martin: Die Multitaskingfalle und wie man sich daraus befreit. Zürich: Orell Füssli Verlag, 2009

Schrotta, Siegfried (Hrsg.): Wie wir klüger entscheiden: einfach - schnell – konfliktlösend, Gratkorn: Styria Print, 2011

Web: de.statista.com/statistik/daten/studie/1556/umfrage/schlafqualitaet
2009: Umfrage zur Schlafqualität

Web: www.bazonline.ch
29.06.2009: Studie: Kaiserschnitt verändert Erbgut des Babys

Web: www.br-online.de
07.07.2010: Das Gedächtnis des Erbguts - Wie sich Lebensstil auf die Gene auswirkt

Web: www.bbk.bund.de
Ausführungen zum Krisenmanagement

Web: www.ftd.de (Financial Times Deutschland)
24.05.2012: Deutsche lassen sich am meisten stressen
07.07.2012 Jeder zweite Deutsche arbeitet im Urlaub

Web: www.focus.de
28.04.2004: Burnout durch Schlafmangel
09.07.2010: AOK-Studie: Lange Fehlzeiten wegen kranker Psyche

Web: www. gzfa.de
16.10.2007: Studie: Rückenschmerzen Zahl der Betroffenen gestiegen

Web: www. handelsblatt.com
14.04.2004 Mitarbeiterbindung gewinnt an Bedeutung - Herkules-Aufgaben für Personalchefs

Web: www.idw-online.de (Informationsdienst Wissenschaft)
05.06.2009: Neue Ausgabe der "Science Allemagne" zur Adipositasforschung in Deutschland

Web: www.mittelstanddirekt.de
24.06.2008: Starre Arbeitszeiten sind Kündigungsgrund

Web: www.news.at
19.06.2001: Stress: Unfallgefahr steigt ums Fünffache

Web: www. sueddeutsche.de
13.12.2008: Die Aussteiger sind mitten unter uns

Web: www.welt.de
13.01.2010: Wenn sich der Schrecken im Erbgut festsetzt (Silvia von der Weiden)

Web: www.wissenschaft.de
05.02.2003: Studie: Meditation hat positive Effekte auf Immunsystem und Gehirn (Christine Amrhein)

Web: www.zeit.de
03.2007: Die innere Uhr. Wie wache ich ohne Wecker zu einer bestimmten Zeit auf? (Monika Kohlhage)

Zentrum für wissenschaftliche Weiterbildung an der Universität Bielefeld e.V.:
Betriebliches Gesundheitsmanagement - Qualifizierung an der Universität Bielefeld, 2008

Bildnachweis

Titel u. S. 30: © Rudie - Fotolia.com, S. 11: © by-studio - Fotolia.com, S. 19: © Franz Pfluegl - Fotolia.com, S. 32: © Picture-Factory - Fotolia.com, S. 33 + S. 38: Uwe Kadner, S: 54: Lotussitz: Jesús Bonilla (Tanumânasî), unter Wikipedia als gemeinfrei veröffentlicht. Alle weiteren Abbildungen und Fotos stammen von den Autoren.

Die Autoren

Ute Liebhard, Heilpädagogin, Lach- und Entspannungstrainerin/-therapeutin

Sie war langjährige Mitarbeiterin als Heilpädagogin und Leiterin einer Frühförderstelle. Sie bietet Seminare und Workshops rund um das Thema Lachen, Humor, Stressprävention und Entspannungstechniken an.

Ihre Maxime ist es Lachen und Heiterkeit, ein „Eindenken“ in eingeschliffene Verhaltensmuster und Denkweisen, anzuregen, um den eigenen Alltag und das Leben mit mehr Gelassenheit und Heiterkeit zu leben. Sie weiß, dass jeder eigenverantwortlich für sein Leben ist und es selbst in der Hand hat, dieses zu gestalten. Sie motiviert, das Leben mit mehr Freude zu genießen. Ein wichtiger Leitgedanke ist die Prävention. Einmal angerichteter Schaden ist viel mühseliger zu richten, als sich rechtzeitig mit der eigenen Gesundheit und dem Wohlbefinden zu befassen.

Teilnehmer sagen über sie: „Durch ihr offenes, natürliches und freundliches Wesen schafft sie es, dass jeder motiviert mitzieht.“ Weitere Infos unter www.lachtrainer.de

Josef Maiwald, Dipl. Psychologe, Coach für Unternehmer und Führungskräfte

Er arbeitet seit mehr als 25 Jahren als Berater, Trainer, Coach und Fachautor auf den Gebieten Personalauswahl, Personalentwicklung und Unternehmensentwicklung. Zu seinen Kunden zählen international tätige Großunternehmen genauso wie mittelständische Betriebe bis hin zu Existenzgründern.

Einen Schwerpunkt bilden persönliche und unternehmerische Erfolgsstrategien. Wichtig ist ihm hierbei die Balance zwischen den Lebensbereichen (geschäftlich, privat, gesellschaftlich) und im zeitlichen Horizont (kurz-, mittel- und langfristig). Er meint: „Viele arbeiten und leben heute so, als wäre das Leben ein Kurzstreckenlauf.

Nicht wenige haben daher schon bald Atemnot oder ernsthafte Beschwerden. Dabei ist das Leben in erster Linie eine Langstrecken-Teamdisziplin. Zwar müssen wir zwischendurch den einen oder anderen Sprint einlegen. Viel wichtiger sind jedoch Strategieentwicklung, Koordination und Kooperation.“

Zum Hintergrund: Parallel zum Psychologiestudium hat er das Grundstudium in Betriebswirtschaftslehre absolviert. Durch Projekte im Bereich der computer-unterstützten Diagnostik und Pädagogik hat er sich außerdem solide Kenntnisse im Bereich EDV und Programmierung angeeignet.

Seit 1987 ist er in der Personalauswahl und -entwicklung tätig. 1997 gründete er die
A-BiS Gesellschaft für Unternehmensentwicklung mbH, deren Geschäftsführer er ist.
Weitere Infos unter www.a-bis.de sowie smarterlife.de

Kontaktadresse für Feedback und Rückfragen

A-BiS Gesellschaft für Unternehmensentwicklung mbH
Josef Maiwald
Zeheterstr. 11
83607 Holzkirchen
Tel.: 08024 / 4774457
www.smarterlife.de

Empfehlungen

Lassen Sie sich anstiften, in ein „neues Leben“ aufzubrechen – ein Leben, das von Tag zu Tag smarter wird. Smart bedeutet schlau, gewandt, pfiffig. Das Leben smarter zu gestalten heißt beispielsweise, aus den momentanen Gegebenheiten das Beste zu machen. Dies kann Ihnen dadurch gelingen, indem Sie SmartVerderbern wie Trägheit oder Formalismus das Handwerk legen. Die 10 Säulen helfen Ihnen, Ihr Leben nach Ihren eigenen Vorstellungen und Bedürfnissen zu gestalten. Wesentliche Aspekte sind hierbei die Balance zwischen den verschiedenen Lebensbereichen wie Beruf, Freizeit soziale Kontakte und Regeneration. Ihre Erfolgs- und Gewinnoptimierung sollten Sie nicht nur kurzfristig, sondern auch mittel- und langfristig ausrichten. Hierbei darf Ihr persönliches Gesundheitsmanagement, smarte Kommunikation und ganzheitliches Finanzmanagement nicht fehlen. Die zusammenfassenden 130 Tipps stehen – wie das gesamte Buch – unter dem Motto:

Don’t work harder – work and live smarter.

ISBN 978-3-89967-599-3 19,80 EUR
Erhältlich im Buchhandel oder unter www.smarterlife.de/shop

Die Investition in Betriebliches Gesundheitsmanagement (BGM) ist sehr rentabel. Beim BGM haben Unternehmen und Mitarbeiter die gleichen Interessen. Pro-aktive Prävention ist besser als das Kurieren von Krankheiten. Das sind nur drei Argumente, warum Sie sich als Unternehmer oder Personalverantwortlicher mit dem Thema Gesundheitsmanagement auseinandersetzen sollten. Im Buch gehen wir noch auf eine ganze Reihe weiterer Argumente ein.

Stress und Burnout, Mobbing, innere Kündigung, psychische Störungen, Rückenbeschwerden, Fehlzeiten, Fachkräftemangel aufgrund des demographischen Wandels sind Herausforderungen, denen wir mit BGM begegnen können.

Aufgrund der Vielschichtigkeit und wegen der vielen Wechselwirkungen reicht es im BGM nicht, auf einzelne Probleme mit Einzelmaßnahmen zu reagieren. Simples Ursache-Wirkungs- und Problem-Maßnahmen-Denken greift zu kurz. Setzen Sie als Unternehmer den Fokus auf ein nachhaltiges BGM, in dem Sie gemeinsam mit Ihren Mitarbeitern Ihre Produktivität sichern. Ein kompetenter Steuerungskreis sollte das koordinierte, auf die Unternehmensbelange maßgeschneiderte „Management" angehen. BGM wird so zum Erfolgsfaktor.

Das Buch liefert Ihnen wertvolle Hinweise zur Gestaltung des Gesamtprozesses und von Einzelmodulen. Ausführungen zu Controlling & Zertifizierung, Beispiele aus der Praxis, Anleitungen, Fragebögen und Checklisten runden das Thema ab.

Die Autoren wünschen eine anregende Lektüre und natürlich Gesundheit - für Sie persönlich und für Ihre Mitarbeiter!

Gedruckt: ISBN, 978-3-934051-04-1, 162 Seiten, 18 Abb./Fotos 19,95 EUR
Kindle-E-Book: ISBN: 978-3-934051-05-8, 7,11 EUR

Erhältlich im Buchhandel oder unter www.smarterlife.de/shop

Stichwortverzeichnis

Achtsamkeit 29
Arbeitszeiten, Arbeitszeitgesetz 31
Atem 55
Atmung 38
Ausdauertraining 33
Balance 50, 69, 93, 97
BEAT-Check 30
Besprechungskultur 40
Bewusstsein 26, 28, 43
Beziehungen 92
Brainstorming 46
Burnout 86
Burnout-Kosten 24
Checklisten 85, 86
Coaching, TeleCoaching 41, 76
Coping 86, 91
Disstress 15
Effektivität 69
Empathie 42
Employer Branding 91
Energiebilanz 18, 20
Ernährung 43, 80
Eustress 14
Gelassenheit 44
Gesundheitsmanagement 87
Immunsystem 66
Konflikte 21, 76
Körperbewusstsein 48
Lachen 49
Massage 52
Meditation 48, 53
Patientenkompetenz 56
Pausengestaltung 58
PerLen 11, 89
Präsenz 29
Prävention 86
Progressive Muskelentspannung 60
Ressourcen 26, 27, 56, 77, 92
Rückenscreening 65
Schlaf 24, 50, 66, 86
Selbsteinschätzung 18, 70
Selbstmanagement 68
SmarterLife-Meetings 70
Softskills 86
Stress 53
Stressor 13, 19, 26, 27, 28, 93
Stressreaktion 16
Stress-Resistenz 79

Stresssymptome 9, 15
Systemisches Konsensieren 74
TeleCoaching 77
Überforderung 77
Übersäuerung 79
Unfallgefahr 21
Unternehmenskultur 86
Yoga 48, 82
Zeitmanagement 65, 70
ZiPlAkKo-Prinzip 82